序章

首都圏の農地や町全体を狙う中国

★★★★★

とうとう出現、首都圏に「リトル北京」

住宅地が中国人に買い占められている――。

2024年秋のことだ。ネットであれこれ検索していたら、驚くような記事の見出しが目に飛び込んできた。

記事は講談社が発行するオンラインニュースの「現代ビジネス」（同年7月23日付電子版）。見出しは、「『中国系オーナー企業』が茨城・成田空港近くの『ニュータウン200区画を丸ごと買収』……そこで起きている『ヤバすぎる異変』」。

百聞は一見に如かず。10月31日午前8時過ぎに千葉県柏市にある職場を出発し、JR常磐線の牛久駅に降り立った。巨大な牛久大仏で有名な茨城県南部のこの町に来たのは2017年8月以来、7年ぶりである。現在の茨城県知事である大井川和彦氏が知事選に初めて出馬し、牛久駅前で演説中の同氏を激励に訪れた。私事になるが、大井川知事は筆者の中学時代のクラスメートで、軟式野球部で三遊間を守った仲だ。

そんなことを思い出しながら、レンタカーで一路、稲敷《いなしき》市を目指した。滋賀県の琵琶湖に次いで面積の広い霞ヶ浦の南部、千葉県に隣接する同市は2005年、江戸崎町、新利根町、桜川村、東町《あずま》の４町村が合併してできた。都心から約60㎞、つくば市と千葉県成田市のちょうど中間に位置する自然豊かな街で、人口３万７千人あまり。人口減の波はこの街にも押し寄せ、この四半世紀で人口４分の１が減少した。

牛久駅前から車で走ること約50分。田舎道を行ったり来たりと道に迷った挙句、稲敷市南ヶ丘の高台にある「江戸崎ネオポリス」にようやくたどりついた。不動産開発会社「旧・大和《だいわ》団地株式会社（現・大和ハウス工業株式会社）」が全国各地に郊外型の住宅団地「ネオポリス」構想をぶち上げたうちの一つで、同社の看板事業でもあった。

この新興住宅地に衝撃が走ったのは、約３年ほど前。大和ハウス工業株式会社が事業からの撤退と、未分譲の宅地を別の会社に売却することを決めたためだ。１００世帯あまりの住民に寝耳に水の通告だった。

バブル崩壊後、３４０戸の戸建て住宅の建設を計画し、茨城県内でも有数の高級住宅街になるはずだった。だが、１２０戸を建設した時点で建設を中止した。景気の悪化はともかく、鉄道の駅がなく、路線バスが少ないことなどは開発前から分かっていたはずだ。事業主会の見通しの甘さが撤退につながったとみられる。

成田空港にも近く、「高級住宅地として発展するものとばかり思っていた」（地元住民）らが先行きを危ぶんでいたところ、さらなる激震が住民らを襲った。売却先が中国系オーナーが経営す

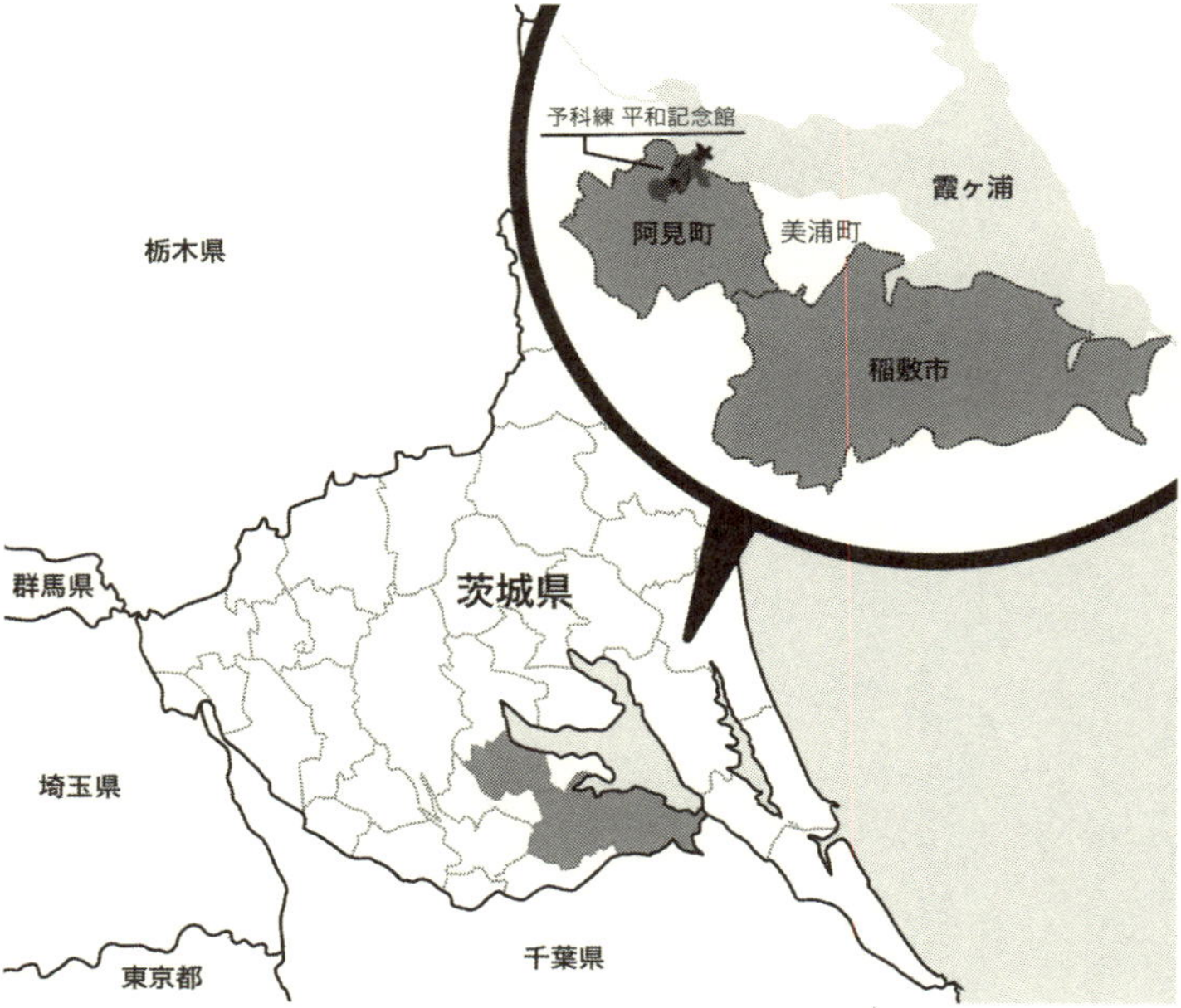

成田空港にも近い茨城県稲敷市と阿見町

る食品会社「A社」（本社・千葉市）だったからだ。

同社は住宅地から車で10分ほどの場所に漬物などの製造工場を持ち、多くの中国人や技能実習生などを雇用している。筆者も訪ねたところ、ちょうど昼休みどきとあって、食品工場らしく、白衣や白い帽子にマスクをした女性従業員らが敷地内を歩いていた。

大和ハウス工業は住民らに対し、「個人の買い手がついたから、その方に売る」と説明し、A社は「未分譲のほぼすべてに相当する200戸あまりを購入した」（地元関係者）という。

中国のポータルサイト「網易（ネットイース）」（本社・中国広東省広州市、2024年7月27日付電子版）によると、同社が土地の取得を始めた当時、江戸崎ネオポリスの地価は、1平方メートル当たり約9000円（約430元）。一戸建て住宅の平均面積を120平方メートルとすると、A社が購入した2000戸の推定価格は、約2億1600万円（約1000万元）になるという。

中国人経営者「将来は町全体を買収する」

現地を訪れてみると、二階建て住宅が点在する中、造成して雑草が生えたまま平地となった場所が目立つ。A社はこうした未分譲の宅地をほぼすべて購入しているというのだ。宅地の購入だけではなく、すでにコミュニティーハウスを数棟建設し、中国人をはじめとする従業員に社宅として住まわせているという。

大和ハウス工業が売却した際、地元住民を対象に説明会を開き、従業員用の社宅を建てる方針を示し、実際に中国風の個性的な外観の建物を数棟建てたという。

ちょっと不思議だったのが、インターホンを押しても反応のない家が4～5軒あったことだ。2階のベランダに布団を干し、一階部分も窓が開き、駐車場に自家用車もあるのだが、一様に反応がなかったのだ。

少し離れた住宅の玄関先にいた男性に声をかけた。ここに30年以上住んでいるという男性住民は、「何？　ネオポリスの調査？　おっかねぇな。（筆者の名刺を見ながら）うん？　大学の先生？　麗澤《れいたく》か。知ってるよ。で、何を聞きたいの？（筆者の説明を聞き）ま、上がんなよ」と、べらんめえな物言いと違い、拍子抜けするほどフレンドリーな対応を示してくれた。

筆者の存在が自分たちの悩みに寄り添う人に見えたのだろうか。かつて、中国漁船などの問題で長崎県の五島列島・福江島を取材したときも、「こげん遠いところによく来てくれた。知ってることを全部話すから。さ、上がんしゃい」と歓迎されたものである。

さて、玄関先にいた江戸崎ネオポリスの男性住民である。彼が言うには、「ときどき、黒塗りの高級外車に乗った中国人経営者がやって来て、この辺りの宅地を見て回っている」そうで、「あそこも、ほら、こっちも中国人の家ですよ。住宅は中国人だらけだから、聞き込みするときは警戒されるから気をつけた方がいいよ」と話してくれた。男性住民はA社から他のエリアの宅地購入も検討していると聞いたという。

この男性によると、近所の住宅に中国人らが4～5人住んでいるが、あいさつしても日本語が通じないせいか、無視されるのだという。あいさつすら、このありさまだ。近所付き合いは「まったくないさ。気味悪いねえ」とつぶやいた。

女性の住民は、「ゴミ出しなどの習慣がなかったんですかね。自治会で言っても、きちんとゴ

江戸崎ネオポリスの宅地造成区域。頓挫して空き地だらけとなり、中国人社長が200戸近くを買い取ったという＝茨城県稲敷市、2024年10月31日。筆者撮影

ミの日にゴミを出してくれず、粗大ゴミも軒先にほったらかしなんですよね」と顔をくぐもらせる。A社が購入を始めて以降、毎年のように日本人住民がおよそ10世帯ずつ転居し、空き家になったところをまた、A社が購入することの繰り返しだと語った。

筆者が驚いたのは、彼女が「これは武器を使わない侵略だと言っている人がいますよ。私もそう思うんで、何だか嫌ですよねえ」と語ったことだ。

埼玉県川口市の芝園《しばぞの》団地を取材したときがそうだったが、現地に行ってみると、ゴミの分別もしっかりできていたりと、ネットで出回っていた情報が誇張されているケースもあったりする

のだが、江戸崎ネオポリスはネットの情報以上に、日本人住民が事態を深刻に受け止めていることが分かった。

網易によると、70代の男性住民は「将来、A社の人が町全体を買収するつもりだと聞いた。成田空港の地の利とその背後にある資本の支援を考えると、私たち年寄り住民は非常に不安だ」と語ったという。

なるほど。ならば当事者の話を聞くしかあるまい。筆者は現地取材を終えたその日のうちに、職場に戻って大和ハウス工業株式会社とA社にそれぞれ電話をかけ、担当者に調査と取材への協力を申し出て、質問状を指定されたメールアドレスに送った。

大和ハウス工業は11月11日、電子メールで、「ご回答にお時間を頂戴しまして大変申し訳ございません。関係部門に確認しましたが、現在詳細を把握している担当者がいないため、恐れ入りますがご取材はご辞退させていただきたく存じます」と回答した。

A社は、再三にわたり調査と取材協力をお願いするメールを送ったが、最初に電話でメール受信の確認を得られた以外、この稿を書いている年始現在、回答はなかった。

大和ハウス工業は、東京証券取引所のプライム市場に上場する超優良企業であるにもかかわらず、今見てきた通りの大規模な住宅地開発を手掛けておきながら、開発経緯を語れる担当者がいないとは驚く。宅地を購入した日本人住民を置き去りにして開発を断念し、大半の土地を中国人経営者に売却したとされることについて、別の地元住民は「大和ハウス工業から、きちんとした説明がなく腹立たしい。中国の人とは言葉が通じないから近所付き合いもないし、住みづらくなったといって、日本人世帯が年に数軒ずつ引っ越している。その代わりにA社の中国人従業員やその他の外国人らが増えていくんだから、そのうち住宅地全体が中国人居留区域になってしまうよ。どうしてくれるんだかね」と話す。

大和ハウス工業はホームページで、ネオポリス計画を再建する「リブネスタウンプロジェクト」と銘打ち、同社の企業理念と宅地開発計画をこう高らかに歌い上げている。

「私たちが直面している少子高齢化や人口減少、空き家問題という社会課題。多くの人が暮らすまちや住まいも、時間を経て成熟し、これまで当たり前と思ってきた暮らしに大きな変化が訪れる現在。今までも、これからも、お客さまと共にあり続けるために私たちが出来ること。当社が過去に開発した郊外型住宅団地（ネオポリス）等を再耕する『リブネスタウンプロジェクト』はそこに暮らす人々と共に考え、まちと暮らしに寄り添い続けたい。未来に向かって輝き続けるまちの価値を築いていきたいという想いが詰まっています。私たち大和ハウスグループにできるすべてをもって、今こそまちの再耕へ」

横浜市や津市、大阪・河南町など全国8カ所で展開するネオポリス再耕構想。町の発展には住民の理解が欠かせない。

★★★★★ 首都圏の農地を狙う「中国」

地元の住民によると、江戸崎ネオポリスのある南ヶ丘の住宅地のほか、近くの住宅地も外国資本が入ってきたという。

稲敷市の場合は新興住宅地の買収について述べてきたが、稲敷市に隣接し、霞ヶ浦南部に位置する阿見《あみ》町では、「中国資本による農地買収の動きがある」（稲敷市関係者）というので、それについて少し触れておきたい。

11月13日、阿見町役場に電話で聞くと、「大きな外国資本による農地買収の動きはゼロに近いが、中国人を含む個人による売買は横ばい状態で、あることはある」（担当者）という。

背景には、農地法第3条の改正で2023年4月1日に農地の下限面積要件（5反《たん》要件、5千平方メートル）が廃止され、取得が容易になった影響がある。農地法第3条は、農地を耕作目的で売買や交換、贈与、貸し借りなどする際に、農業委員会の許可が必要であることを定めている。農地を生産性の高い農業経営者に効率的に利用させることで、農業生産力の維持・拡大を図ることを目的としている。

※農地法第3条「農地又は採草放牧地について所有権を移転し、又は地上権、永小作権、質権、使用貸借による権利、賃借権若《も》しくはその他の使用及び収益を目的とする権利を設定し、若しくは移転する場合には、政令で定めるところにより、当事者が農業委員会の許可を受けなければならない」

定年退職した日本人らが、自活する分だけの野菜を栽培したいとして、阿見町に農地購入の相談に訪れることがあるという。要件をクリアすれば、農業委員会によって農地の取得が許可される。

茨城県の農地率は約30％で全国一。北関東の農村地帯は過疎が進んでおり、放置された耕作地や農地の維持、管理が問題となっている。筆者の耳には、千葉県の房総エリアの農村でも中国人による農地や土地買収の動きが活発化しているとの情報が寄せられている。

最新のデータによると、外国人やその関係法人が２０２３年に取得した日本国内の農地面積は計90・6ヘクタールに上る（農水省の調べ）。日本に住む外国人が営農目的で農地を取得したケースが多く、いずれの農地も適切に耕作されているという。

内訳を見ると、日本に住む外国人による取得が60ヘクタール（２１９人）に上り、全体の３分の２を占めた。外国人が営農目的で取得する場合に加え、日本人の配偶者を持つ外国人が相続で取得する場合も多い。

日本に住む外国人の関係法人による農地取得は、30ヘクタール（20社）だった。香港の中国企業が49％を出資する法人が愛媛県西条市で60アール取得した。この法人はキウイフルーツを生産し、2017年以降、計十数ヘクタールの農地を取得している。2021年には、北海道函館市でフランス企業2・2ヘクタール（外国法人の議決権49％）、茨城県鉾田市で中国企業1・2ヘクタール（外国人の議決権22・2％）、愛媛県西条市中国（香港）1・9ヘクタール（外国法人の議決権49・0％）となっている。

一方、海外企業や海外に住む外国人による農地取得はなかった。

調査は、外国資本による農地買収の実態を把握するため、2017年に始めた。当初は海外企業や海外に住む外国人、それらが出資するか役員を務める関係法人を対象にしていたが、22年からは日本に住む外国人やその関係法人を加えたという。

同省は2023年9月から、農地取得者に対して農業委員会への国籍の報告を義務付けた。そのため、今回の調査では、9月以降は網羅的に把握できているが、8月以前は農業委員会が名前などに基づく推定で算出している。

それによると、23年の外国資本による森林の取得状況は490ヘクタールだった（日本農業新聞2024年7月20日付電子版）。

筆者は2023年6月下旬、茨城県稲敷市と同じ北関東の栃木県栃木市にある中国人が経営する「北海農場」を取材したことがある。外国資本としてはかなりの大規模農場で、中国国防7大学出身の敏腕経営者が、中国特有の野菜「ササゲ」などを栽培し、首都圏約400店舗に出荷している。詳しいことは、拙著『移民侵略』（ハート出版）参照してほしい。

茨城、栃木両県で確認された中国人や中国資本による土地や農地の買収。農地購入のハードルが「事実上なくなった」と言ってよいほど低くなった農地法第3条は、もちろん全国に適用される。今後、一層、中国資本による農地買収が進むことが予想される。

農地収奪しやすくなった法改正

こうした外国資本、なかんずく、治安等の安全保障や食料安全保障面で中国資本の農地買収への懸念に対し、「ランド・グラッブ（農地収奪）」は起きないという反対論もある。

この問題の第一人者であるキヤノングローバル戦略研究所の山下一仁研究主幹は、「外国人が日本の農地を買って農業をすることは、おかしいのだろうか？」と問題提起し、「日本の農地のかなりが耕作放棄されている。富山県の面積に匹敵する量だと言われている。耕作放棄の原因は簡単である。農業の収益性が低下しているからである」と断じている。

山下氏はまた、「農林水産省は、耕作放棄される理由を高齢化が進んだからだと言う。高齢者なので農地の管理ができなくなっているというのだ。しかし、これは間違いである。収益が低いと後継者もいなくなるので高齢化するし、耕しても利益が出ないので、農地は耕作放棄される。高齢化と耕作放棄は同時並行的に起こるが、両者とも低い収益が原因であって高齢化が耕作放棄の原因ではない」と語る（同研究所ホームページ2022年8月16日付電子版）。これは朝日新聞系の雑誌『論座』2022年7月22日付電子版に掲載されたものを転載したものである。

土地を収奪できない理由について山下氏は、「農地でも林地でも、土地と他の財との違いは、土地を海外に持っていけない。土地は貿易財ではないからだ」とし、仮に「中国がブラジルの農地を買って、ここから大豆の輸入を確保しようとしたとしても、中国が大豆を持っていきすぎてブラジルの大豆消費が影響を受けるようになると、ブラジルは大豆の輸出制限をすればよい。自由貿易の観点からは好ましいことではないかもしれないが、このような行為はガット（関税および貿易に関する一般協定）やWTO（世界貿易機関）で否定されているものではない。つまり、土地は中国に持っていけないし、その土地からの生産物も中国の思う通りにはならないのである。耕作放棄しているのは日本人である。外国人が耕作放棄された農地で農業を行って、農地を保全してくれることは、食料安全保障上からも好ましいことである」と主張している。

そして、「農地を潰して巨額の転用利益を得たのは、農家である。農家による農地転用は、地域の衰退を招いた。市街地の郊外にある農地が大規模に転用され、そこに大型店舗が出店して、従来の商店街を潰し、シャッター通りを生んでいる」とも指摘する。

山下氏は最後にこう強調する。

「外国人が農業を行い農地を保全してくれるのであれば、日本の食料安全保障にとっても有益である。農地を潰してきた農業界がこれを問題視することに大きな疑問と違和感を感じる。悔い改めて、これまで潰してきた農地を復旧してくれるのだろうか。少なくとも、簡単に転用しないような規制強化くらいはしてもらいたいものだ」

そういう側面もあろうが、「移民」による経済的侵略とそれが国土奪取につながるという視点を忘れていないか。「農地守って国滅ぶ」では本末転倒である。筆者が持論としている通り、問題は常に日本政府、自治体、日本人自身の側にある。中国人や中国資本は少なくとも、過疎化した住宅造成地や日本人が見向きもしない耕作が放棄された農地、森林を合法的に取得しているのだ。それが問題だというなら、売買のあり方や所有権の移転について不断の見直しを図り、問題があれば法を整備するなり、現行法を改正すべきなのである。

実際、外国人の土地取得を制限する国もある。日本貿易振興機構（ジェトロ）によると、タイやインドネシアなどでは、外国人や外国法人による土地所有は基本的に認められていない。カナダの一部の州でも永住権などを持たない人の農地取得を制限している。

日本政府は食料安全保障の強化などのため、農地法施行規則を改正し、２０２３年９月から農地を取得する個人、法人に国籍の報告を義務付けた。

個人には本人の国籍や在留資格、法人には設立した国や大株主の国籍などの届け出を義務付けるように改め、外資による投資目的の農地の大量保有などが起きにくくなった。

農林水産省はそれまで農地保有者の国籍を正確に把握していなかったが、国民から外国人や外国外資による投資目的の農地取得を不安視する声が上がったことから、農地法施行細則を改正した。

農水省の調査によると、２０１７年から22年までの間に、外国法人や海外在住の外国人が議決権を持つ、もしくは役員となっている法人が取得した農地は6社計67・６ヘクタールに上った。日本全体の耕地面積約４３０万ヘクタール（２０２３年7月時点）と比べれば取るに足らない面積である。農地の取得には実際に農業に従事していることなどが求められるため、外国人による所有のハードルはもともと高かった。

だが、昨年9月には、自治体（農業委員会）の申請があれば、農業法人以外の一般の法人でも農地を取得できるようになる「改正構造改革特別区域法」が施行された。耕作放棄地の増加や農業の担い手不足への対応を目指した改正だが、一方で農地が適切に利用されなくなる懸念もある（２０２４年3月４日付産経新聞電子版）。

ただ、国籍の報告だけでは不十分との指摘もある。外資による土地買収に詳しい平野秀樹・姫路大特任教授は、「水と食料の基盤を外国におさえられるのは非常に危うい。国は危機感を持ち、この問題に対処するための国民的な議論を起こしていくべきだ」と指摘している（読売新聞「九州発」２０２４年3月30日付電子版）。

読売新聞によると、外国（中国）資本による農地買収で地元住民とトラブルになったケースが報告されている。外国法人が出資する日本企業が農地を取得し、住民とトラブルになっている事例である。

愛媛県西条市では２０１８年に設立されたキウイ生産会社が、約20ヘクタールの農地を取得した。この会社は、さきに紹介した会社で、香港に本社を置く企業（中国資本）が49％の議決権を有している。

外国法人の影響力が大きい企業による農地取得への懸念に加え、巨大な農園での農薬や地下水の使用に対する不安などが市民から市に寄せられる事態となり、西条市が２０２３年、会社側に説明の場を設けるよう要請した。会社側は記者会見などを開き、農薬に関する日本の法規制に従うことや、効率的にまけるスプリンクラーを活用し、地下水の使用量を抑えることなどを説明したという。

林野庁の調査によると、２００６～22年に、外国法人や外国人と思われる者による森林取得は北海道で1927ヘクタール)、福岡(60ヘクタール)、大分(3ヘクタール)など23道府県で320件2732ヘクタールある。

さらに林野庁は、外国法人などの出資比率が過半数を占める法人を外資系企業と定義したところ、外資系企業とみられる者の取得は都城市の事例を含め、302件6734ヘクタール確認されたという。

地方自治研究機構(東京)によると、水源地の土地取引に関して届け出を義務付ける条例が2012年以降、北海道、宮崎など20道府県で制定されている。機構の担当者は「行政が関与できないまま水源地が売買されることを多くの自治体が懸念している。先手を打って国に強いメッセージを伝えるため条例制定の動きが出てきた」と語る(同)。

国難を国難と気づかない日本人

農地は日本の国土である。安全保障上のリスクを念頭に置いた土地利用規正法は、所有規制ではないため、まだまだ「ザル法」の域を出ない。こうした中、「町ごと買収する」という中国人経営者も出てきた。国防上の懸念がある自衛隊基地や原子力発電所などの重要施設だけでなく、農地や森林に関する規制のあり方も喫緊の検討課題である。

中国資本や中国人による土地買収が地域の買収、町全体の買収にエスカレートする動きを見せる一方、公衆衛生と公共サービスのあり方が最も問われる人生の終着点でもある東京の火葬場まで中国系企業の支配下に収まっている現況をどれだけの人が知っているのか。

土地や施設だけではない。政界、財界、官界、地方自治体から日本人の深層心理にまで深く浸透する中国の洗脳工作は、残念ながら仕上げの段階に入ってきている。その目的は、大東亜戦争に負けた日本人の心に拭い難い贖罪意識を植え込み、中国共産党を主人とする華夷《かい》秩序に組み込む狙いがある。それを具体化するための方策が政財界に対するアメとムチによる〝調教〟である。

中国の李鵬《りほう》首相は1996年、中国を訪問したオーストラリアきっての親中派、キーティング首相が訪中した際、「ちっぽけな日本は40年後に消えるだろう」と期待を込めて語った事実を想起したい。「消えるだろう」ではなく、目障りな日本は地球上から「消えてほしい」のが本音なのだろう。

これが的外れと言えないところが、現在の日本なのだ。世界地図に日本は存在し、日本列島に日本人が住んでいても、それを支配するのは中国共産党であり、中国人である可能性は否定できないのである。

それを望まない日本人でも、「まさかそんなことはあり得ない」とタカをくくり、チャイナマネーで私腹を肥やすことに勤しんでいる日本人は、火に入る夏の虫のように率先して中国の軍門に下っているからである。

GAFA《ガーファ》など、米国系の日本法人には高学歴の中国人が管理職として勤務して日本人部下を使い、在京の中国大使館は自民党をはじめとする国会議員に中台関係で圧力をかけ、各地の総領事館により、自治体の首長や地方議会議員らは「ウィン、ウィン」などの美辞麗句で巨大経済圏構想「一帯一路」に絡めとられている。東京大学をはじめとする日本の各大学は、中国共産党に忠誠を誓う中国人「博士工作員」を留学生として、相当な数を入学させている。日本中、どこを見渡しても、圧倒的な人数と資金力に勝る中国の「侵略」が勢いを増している。

習近平率いる中国共産党にとって、あとは安定した親中政権を日本につくり、日米関係に楔《くさび》を打って尖閣諸島（沖縄県石垣市）でも奪取すれば冊封《さっぷう》体制の完成である。

本書では、首都圏に「町全体を買い取る」と豪語する中国系企業が出現した事実を現地取材で明らかにするとともに、激しさを増す中国のプロパガンダや認知戦、日米関係に楔を打ち込むための米国における中国ロビー活動の実態を歴史を紐解きながら紹介する。また、中国・深圳における日本人男児殺害事件やNHKラジオ乗っ取り事件で顕在化した「日本憎悪」の反日教育の危険性について指摘する。

このシリーズを通して、いつも頭の片隅に置いているのは、後藤新平の慧眼だ。縁あってこの書を手に取った読者の皆様とともに次の言葉をかみしめながら、刀折れ矢尽きるまで、日本の輝かしい将来の礎づくりに微力ながら貢献できればと念じている。

１９２３年９月１日の関東大震災から半年後の24年３月、東北帝国大学の学生に向けて演説した初代東京市長の後藤新平（１８５７～１９２９）は、第二次世界大戦を予見して、こう警鐘を鳴らしている。

「平和の仮面をかぶって、ぢりぢり寄せ来る外患や制度組織の美装に隠れ、人情の弱点に付け込んで、徐々に国民の肉心を蝕む内憂は、人これに気づかないがゆえに備えず。あるいは、気づいていながら、その現実を直視する勇気なきがゆえに、逆に自己の心を欺《あざむ》き、一時しのぎの安易な瞬間の快楽に酔い、ついに国家と国民を破滅の底に陥れるのだ。真に恐るべきは、目に見える敵国・外患ではない。国難を国難として気づかず、漫然と太平楽を歌っている国民的神経衰弱こそ、もっとも恐るべき国難である」

目次——中国の傀儡　反日留学生

第2章 留学生／戦後編 「スパイ天国」の日本

第3章 留学生／戦前編 親日留学生が抗日武装闘争へ

第4章　中国のプロパガンダ

第5章　中国の認知戦に騙される日本の「ネット保守」

第6章　中国の巧妙な浸透工作

第7章　背乗り──他人になりすます工作員

第1章

中国人〝留学生〟に気をつけろ！共産党へ「忠誠の誓約」

秘密の誓約書

東京大学や早稲田大学をはじめとする日本の大学に、中国共産党への秘密文書「忠誠の誓約」に署名した留学生が続々と入学している。

留学生自身が否定しようがしまいが、「忠誠の誓約」に署名し、党が支出する奨学金で来日している以上、彼らはまごうことなき工作員である。それは、筆者が一方的に決めつけているのではなく、中国共産党の常識であり、世界の常識なのである。日本人はそこが理解できないため中国共産党政権の本質を理解できないでいるのである。

欧米では、これら留学生を装った工作員の入学を拒否し、中国政府との関係を断つ大学が相次いでいる。スウェーデン、ドイツ、デンマーク、オランダ、米国……。判明しているだけでも、枚挙にいとまがない。

だらしないのは日本の大学だ。中国人留学生の身辺調査をすることもなく、彼らの申請通り、中国政府の許可するままに在籍を認めてしまっている。そこには、「学問の自由」という大学のレゾンデートル（存在意義）を根幹から否定することへの危機感も、知的財産の流出など経済安全保障に対する問題意識のかけらもないようだ。

日本の公安当局者は筆者に対し、「中国人留学生が奨学金欲しさに中国共産党の言うなりになってしまっている。そんな学生が日本の大学に続々と在籍しているのは問題だ」と警鐘を鳴らす。中国人留学生の学費や生活費を中国政府が出すのだから、受け入れる日本の大学側も節約になるからと受け入れに積極的だ。それは中国共産党による大学の買収にほかならないことに気づいていない。

あなたたち日本の大学は、われわれの金を受け取った。受け取った以上、学問の自由はないと覚悟せよ――。そんな声が、日本の大学関係者の耳には入らぬらしい。

契約書に署名して「工作員」に

問題が発覚したのは、昨年1月に遡る。スウェーデンの日刊紙「ダーゲンス・ニュヘテル」がこの問題を報じ、中国共産党政権の海外向け留学生への工作が明らかになった。

それによると、スウェーデンの複数の大学に在籍中の中国人留学生（博士課程30人以上）は、中国教育省が運営し、世界中の大学と国際学術交流を支援する「China Scholarship Council（CSC、中国国家留学基金管理委員会）」を通じて、中国共産党への忠誠を誓う秘密の契約書「忠誠の誓約」に署名させられていた。CSCは中国政府の国家建設高水準大学公費派遣研究生プログラムである。

要は、海外に留学中だったり、留学予定の博士課程レベルの中国人学生に対し、「金を出してやるから党の言うことを聞け」という強要である。この問題は、ルンド大学の中国人留学生の学業成績が悪く大学側から退学を勧告されたことで表沙汰となった。この学生の学業レベルは本当のところ、どの程度であったのか、中国本国とどのような契約を交わしたのかを精査した結果だ。

同紙によると、学生の家族もこの協定に縛られている可能性があるとし、学生が契約書の内容に反したり、退学させられたりした場合、中国に住む家族は「国家に対する経済的負債」を負うことになるとしている。また、スウェーデンに留学中の学生が教育課程を全うできなかった場合、損害賠償責任を負う契約に家族が署名させられているという。学生の「保証人（家族）」は、学生が留学している間は中国から出国できない決まりにもなっている。これは、政治亡命を未然に防ぐための措置であろう。

ラジオ・フリー・アジア（ＲＦＡ）によると、この慣行は10年以上も行われていた。

契約書には「留学中は責任感と命令に従う能力を磨き、自国の利益や国家の安全を害する可能性のある活動には従事してはならない」と明記され、「祖国と学校の名誉を自覚的に守り、中国と留学先の国の法律を遵守しなければならない」と書かれている。

書類によると、学生は現地の中国大使館への報告を怠ったり、契約条件に違反したりした場合に備えて、書類に連署する保証人2人の名前も提出しなければならない。

許可なく奨学金を辞退しようとしたり、「極めて素行不良」だったり、許可なく姿を消したり、他の国や学校へ転校したりすると、保証人から奨学金の約3分の1の返済を求められることになると、同報告書は示している。

それ以上にルンド大学を驚愕させたのは、契約書の中に「中国国家の利益に反することは、してはならない」という一文だった。ルンド大学の「学問の自由」より、中国の国益という名の「中国共産党の党益」を優先させなければならないという意味である。

別の公開文書によると、中国は2021年全体で2万7千人の学生を中国政府の公費で海外留学させているとしており、奨学金は学業修了後に「帰国して国に奉仕する」という誓約を含め、党への忠誠心を全面的に条件としていた。

応募書類には、「中国共産党の指導部を支持し、正しい世界観と価値観を持ち、国家に奉仕する義務感を持っている」ことを証明できなければならないと記されている。「選考機関は応募者の政治的思想、教師の道徳観、行動、学習方法を厳しくチェックする」とも明記されていた（2018年版）。中国政府から資金援助を受ける者には、「契約違反に対する補償」を含む「契約管理方式」も導入されるとも記されていた。

筆者がウェブ上の公開資料を基に、2007年以降の応募書類を調べたところ、「国益に反することはしてはならない」という、当初の抽象的な文言から、「中国共産党の指導部を支持し〜」などと、より具体的な密命が応募者に課せられていることが分かった。

★★★★★

家族を人質に留学生を監視

ダーゲンス・ニュヘテル紙によると、学生は「通常は近親者である保証人」を提示する必要があり、学生が契約条件に違反した場合には保証人が責任を負わされることになる。保証人は、家族や親戚である。

CSCのウェブサイトに掲載されている規則によると、申請ごとに「他人に代わって借金を返済する能力のある」保証人2人が必要という。「保証の範囲には、留学生が協定に違反した場合にCSCに支払われる賠償金と損害賠償金が含まれる」とし、保証人は委員会がすでに支払った資金の30％以下を返済するよう求められるという。

RFAによると、米国在住の反体制活動家、ジエ・リジャン氏は、学生が契約を破った場合、代償を払うのは家族だけではないと指摘している。「留学生を指導した大学の講師、留学生を推薦した人々、そして留学生が在籍している大学は、全員共同責任を負うことになる……、それは共同懲罰メカニズムに等しい」というのだ。同氏は、各学校の華僑会、同窓会、故郷会も互いの言動を監視し、政治活動を主導していると述べた。

例えば、中国の政府関係者や代表団が留学生が在籍している大学のある地域を訪問する場合、彼らを歓迎するための衣服、食料、住居、交通、横断幕やポスターを手配するための資金が用意され、スローガンを叫ぶリハーサルや、イベントでの各個人のパフォーマンスの綿密な監視が行われるというのだ。

これは、日本国内にも当てはまる。２００８年、北京五輪の聖火リレーを行った長野県・善光寺周辺でのデモ行進を想起する。このときは、地域の中国人留学生だけではなく日本全国から留学生がかき集められ、警官や一般市民に暴力を振るったことは記憶に新しい。

ルンド大学医学部のデイヴィッド・ギセルソン副学部長はダーゲンス・ニュヘテル紙の取材に対し、「私たち大学側はこのような秘密の契約書の存在は知らなかった。これはまさに独裁政権のやり方だ。母国で家族が人質にされる。不愉快だ」と語っている。

不信感を強めた大学側が、別の中国人留学生に留学に際して中国政府に提出した書類の提示を求めたところ、彼らも出来の悪いこの留学生同様、秘密の契約書に署名し、中国共産党政権から恫喝するような文書を受け取っていたことが判明したという。

ルンド大学の一件は、スウェーデン国内の他大学にも波及し、分かっただけでも、カロリンスカ研究所、ウプサラ大学、スウェーデン王立工科大学でも、中国人留学生が同様の秘密契約書に署名していた。

中国政府と中国人留学生による秘密契約書の発覚を受け、ルンド、ウプサラ両大学はCSCとの協力関係の解消を決定し、王立工科大学も解消を検討中だ。

RFAの取材に対し、スウェーデン在住の作家ワン・ジー氏は、同様の慣行は1990年代から始まっていたと証言する。「これは共産党の策略そのものだ。西側諸国は中国の文化、社会、政治体制についてほとんど無知で、中国における個人と国家の関係をいまだに理解していない」とし、「中国で公金を受け取ったら、留学生のみならず、受け取った者はすべて彼らの仲間であり、つまり党の支配下に入ることになる」と語っている。

事実、私費留学生であっても、海外で政治活動に従事すれば悲惨な結果に直面する。日本では、都内の私立大学に香港から私費留学中の女子留学生が、パスポートの更新のため香港に一時帰省中、香港当局に身柄を拘束された。女子留学生が日本にいるとき、中国の民主化運動についてネットに書き込んだ容疑だった。

中国政府の奨学金を得て留学した学生の多くは、国家に勧誘された人たちであり、秘密の契約書の存在が何よりの証拠である。スウェーデンの大学関係者は、秘密契約書への署名はまさに、全体主義・独裁の中国共産党という「悪魔に魂を売る」行為でり、「保証人となった彼らの家族は人質になる運命にある」と語る。

この関係者は、ＣＳＣと協力関係にある欧米諸国の大学は、彼らとの関係を断たなければ、いずれ大学も人質事件の共犯者になってしまうと警鐘を鳴らしている。日本のＣＳＣ受け入れ大学関係者は、この言葉をかみしめた方がよい。

ＣＳＣは「博士工作員」製造制度

ＣＳＣは、中国政府がハイレベルの大学整備策として、２００７～11年の5年間に、毎年５０００人の大学院生を国費で海外留学に派遣してきた制度だ。中国国内の重点大学49校を指定し、学生を選抜し、海外の一流大学へ派遣し、一流の研究指導者から指導を受けさせる国費による海外留学生派遣プロジェクトである。

留学生は、博士学位専攻大学院生と共同養成博士コース大学院生に分類される。博士学位専攻大学院生の留学期間は通常36～48か月であるが、実際の運用は留学先の国・大学の学制に準ずる。重点的に派遣する領域はエネルギー、資源、環境、農業、製造、情報などの基幹領域とライフライン、航空、海洋、ナノテクノロジー、新材料などの戦略領域及び人文・社会科学領域となっている。

申請条件として、「国を愛し、社会主義を愛し、良好な政治と業務の素質を持ち、法律や規則に違反する記録がなく、勉学を終えた後に帰国して祖国の建設に奉仕する事業家精神と責任感を有すること」とある。

さらに、派遣された後に海外留学生は、CSCの関連規定及び『海外留学援助合意書』の関連約束を遵守しなければならない――とある。この合意書が、秘密契約書に該当するとみられる。留学期間中、海外留学生は積極的に在外大使館（領事館）の管理を受けるものとする。工作員として動けと言う指示である。

日本の海外留学生が、パスポートやビザ、日常生活のことで在外の日本大使館に相談することはあっても、積極的に大使館の管理下に入ろうとも思わなければ、そうした義務もないことを考えれば、中国当局の指示が、いかに異様なことかが理解できよう。

ドイツの名門大学が、産業スパイのリスクを減らすため、中国奨学金評議会（CSC）から資金援助を受けている学生との連携を停止することを決定した。ドイツには約30の大学にCSC奨学金受給者がおり、その数は近年急増している。CSCという中国政府の奨学金制度から公然と離脱したドイツ初の大学となるが、スウェーデン、デンマーク、オランダ、米国の他の大学は今年、すでにさまざまな理由で同様の措置を取っている。

ドイツ最大の大学の一つ、バイエルン州エアランゲン・ニュルンベルク・フリードリヒ・アレクサンダー大学（FAU）は、大学執行委員会から職員に宛てた最近の電子メールで、同大学の理事会は２０２３年６月、「ＣＳＣから授与された奨学金受給者との連携を無期限に停止することを決定した」と明らかにした。

委員会は、「学問の自由の原則に従うことは最も重要だ」とした上で、「近年の政治情勢は大きく変化しており、科学・産業スパイからの保護、データセキュリティ、知的財産の保護などの問題も、ＦＡＵにとって課題となっている」とし、中国人留学生が中国教育省の管轄下にあるＣＳＣと締結する契約を問題視している。

理由は、「この決定の理由は、これらのＣＳＣの学生が、国家への絶対的な忠誠を誓う契約に署名し、常に中国大使館と連絡を取り、奨学金を修了したら中国に戻って祖国に貢献することを約束しているため」（ＦＡＵ）だという。「ＦＡＵは、これらの契約の下では、ＣＳＣ奨学生はドイツ基本法で規定されている学問の自由と表現の自由を完全に行使できないことを認識している」とも指摘している。ＦＡＵは、契約には親族や家族も含まれると指摘し、ＣＳＣは中国人留学生の家族を人質に取る方針だと見ている。

ベルリンのドイツ・マーシャル基金シンクタンクで中国問題に取り組んでいるシニア研究員マライケ・オールバーグ氏はユニバーシティ・ワールド・ニュース（ＵＷＮ）の取材に対し、「契約書にこのような文言を入れることはドイツでは考えられないことであり、ここでは奨学生とこのような契約を結ぶことはできない」と語っている。

だが、英国ノッティンガム大学の准教授でドイツと中国の関係の専門家であるアンドレアス・フルダ氏は、ユニバーシティ・ワールド・ニュースの取材に、「ＣＳＣとの契約解除はドミノ倒しになるだろう。ドイツの大学の一つがＣＳＣとの協力関係にピリオドを打てば他の大学もそれに追随するだろう。ＣＳＣの契約内容が学問の自由のとは相反するものだからだ」と語っている。フルダ氏はまた、「今やすべてが公になったのだから、大学はこうしたプログラムをすべて中止し、再交渉して契約条件がドイツ側に受け入れられるものか確認すべきだ」とも述べている。

最近までドイツのゲッティンゲン大学東アジア研究科の教授代理を務め、現在はスロバキアのブラティスラバにあるコメニウス大学の教授であるサシャ・クロッツビュッヒャー氏は、ＣＳＣを辞められない大学側の核心を突くコメントをしている。

「ベルリン自由大学もミュンヘン大学も、ＣＳＣにしがみついている。それは彼らにとって、利益が非常に大きいからだ。ＣＳＣの下で研究室などで働いている中国人留学生に生活費や経費を支払う必要がないため、多額の費用を節約できるからだ」

ＣＳＣ制度で中国政府から奨学金をもらっている中国人留学生は、それが共産党に利するものであれば、非倫理的で無責任な行動に直接従事するよう指示、奨励される疑いが拭えない。そのため、研究不正や重大な国家安全保障への影響、その他の倫理的問題が生じる可能性が付いて回るのだ。

ドイツの公共放送局ドイチェ・ヴェレとドイツのメディアであるコレクティブによる調査では、ドイツに留学する中国人留学生は「中国政府による抑圧的な規則の下に置かれている」と述べ、さまざまな年や国のＣＳＣ契約書のサンプル（直近では２０２１年にドイツの大学の博士課程の学生向け）と、米国ジョージタウン大学の安全保障・新興技術センター（ＣＳＥＴ）が翻訳した契約書によると、ＣＳＣの中国留学生は、「中国の安全保障を害するいかなる活動にも参加しない」という宣誓書に署名しなければならないことが分かったと報じている。

ＦＡＵが指摘したように、契約では定期的に中国大使館に報告することが義務付けられており、条件に違反した場合は懲戒処分の対象となる。

中国大使館の声明では、「政府資金で学生を海外に派遣するプログラムには、一定の要件が伴う。ＣＳＣは国際慣行に従っている」とうそぶいている。

しかし、英国を拠点とする学者は、ＣＳＣの仕組みは「完全に不透明」であり、契約が「国際慣行」に沿っているかどうかを確認することは困難であると述べている。

スパイ活動の恐れ

ＦＡＵは電子メールでスパイ活動の恐れを提起したが、同時に英国および欧州各地の情報機関は、特に技術と研究の軍事的または軍民双方による利用について警鐘を鳴らした。

ドイツの国内情報機関であるドイツ連邦情報局は2023年、最新の年次報告書を発表し、中国はドイツにとって「経済的および科学的スパイ活動の面で最大の脅威」であると述べ、研究協力は中国がドイツの技術とノウハウを入手する手段であると強調した。

ドイツ政府は同年7月14日、米国ほど「デカップリング」には至らないが、中国との関係を「リスク回避」することに重点を置いた新たな中国戦略を発表した。戦略は、ドイツ連邦政府の資金提供を「適切な条件が課された場合にのみ支援される」中国との研究プロジェクトに限定するとしていた。

戦略は、中国人民解放軍による研究の利用と、民間技術と防衛産業の連携強化に特に言及し、「中国の軍民融合政策は、われわれの協力に制約を課している。われわれは、基礎研究を含む民間研究プロジェクトも、軍事利用に関して中国が戦略的に検討しているという事実を考慮している」と同文書は述べている。

奨学生によって研究資金が横領されるのではないかという懸念から、北欧の他の大学でも今年初めからCSC奨学生の数を削減あるいは減らしている。2020年には米国のノーステキサス大学がCSCとの関係を終了し、コロナ禍の最中に研究者を帰国させている。

スウェーデンのルンド大学の一件はさきに述べた通りだが、隣のデンマークでは、オーフス大学が２０２３年3月の上級管理職会議で、ＣＳＣ資金で中国から博士課程に入学する学生の受け入れを今後行わないことを決定した。

オーフス大学は同年2月、ＣＳＣ資金で博士課程に入学する中国人留学生が不当な契約条件の対象となっていないかを調査するため、彼らの入学を一時停止した。

デンマーク駐在の中国大使館はデンマークのポリティケン紙に対し、スウェーデンのダーゲンス・ニュヘテル紙、ドイツ各紙の報道について、「中国と他国との間の通常の教育・研究協力を政治化し、汚名を着せるために合意内容を悪意を持って歪曲したものにほかならない」と反論している。

ＣＳＣで資金援助を受ける博士課程の学生が約２０００人いるオランダでは、いくつかの大学がＣＳＣと契約した中国人留学生の在籍を拒否している。オランダのTrouw（トラウ）紙が２０２３年5月の調査で明らかにした。

ただ、ほとんどのオランダの大学は、ＣＳＣの学者や留学生を全面的に排除するのではなく、個別に審査するというより微妙なアプローチをとっている。

デルフト工科大学は、ＣＳＣ奨学金を受けている博士課程の学生の入学や、「軍民両用」技術などの機密研究分野のＣＳＣ博士課程候補者の受け入れに消極的だ。同大学は、「セブンサンズ」（中国国防7大学）とつながりのある学生の入学も行っていない。

182人のCSC受給者を抱えるマーストリヒト大学は、候補者が「セブンサンズ」傘下の大学とつながりがあるという理由で、三つの博士課程プロジェクトを取り下げた。ワーゲニンゲン大学は、CSCの助成金受給者の受け入れについて、「より慎重に」なっていると述べ、アイントホーフェン工科大学もオランダの日刊紙トラウに対し、CSCの学生の受け入れ数も減らしていると語った。

オランダ議会でも問題になり、2023年7月、英紙フィナンシャル・タイムズの取材に対し、ダイクグラーフ教育相は、「オランダに何人のCSC研究者がいて、どの分野で活動しているか」を調査すると述べた。

ハーグにあるシンクタンク、クリンゲンダール研究所のクリンゲンダール中国センターのコーディネーター兼上級研究員、イングリッド・ドホーへ氏は、「オランダの研究は、政治的条件に左右される中国政府の奨学金制度ではなく、関係者全員による同等の資金提供によって賄《まかな》われるべきだ。だが、現時点でこの点についての議論が不十分だ」と指摘した。

この動きに逆行するのが、オーストラリアの大学だ。禁輸など貿易面で中国からさんざん嫌がらせを受け、ダスティアリ元下院議員のチャイナマネーによる買収工作など、豪中央政界を巻き込んだチャイナ・スキャンダルにさらされてもなお、中国にすり寄る情けないお家事情があるようだ。

メルボルン大学が２０２３年夏、ＣＳＣとの提携を更新し、２０２７年まで総額７５００万豪ドル（約５０８０万米ドル）を投資し、中国の教育機関のトップクラスの卒業生が、メルボルン大学で博士号を取得できるよう支援すると発表したのだ。ＣＳＣとメルボルンの提携は２０１１年に始まり、開始以来２１５人の候補者に奨学金を提供してきた。

元凶は「留学生30万人計画」

ＣＳＣによる中国人留学生の受け入れに何の問題意識も持たない日本の大学はいったい何を考えているのか。いや、何も考えていないのだろう。そんなろくでもない大学が、政治的な悪意のない日本の受験生を入学試験で偉そうに選抜するのだからたまったものではない。

背景には、日本政府と自民、公明両党が２００８年ごろから、旗振り役を演じてきた「留学生30万人計画」がある。

正確には、福田康夫政権時代の施策で、「優秀な人材を戦略的に獲得していく」ことを目指す計画と説明していた。

今なお、「元首相」の肩書で、中国共産党の「喉と舌」として中国メディアに引っ張りだこで、中国関係のイベントに必ずといってよいほど顔を見せるなど、中国側から見て八面六臂の活躍を見せる福田首相。彼は、「日本を世界に開かれた国とし、人の流れを拡大していくために重要である」とし、２００８年１月の施政方針演説で打ち出した。

　これを受け、同年の７月29日に文部科学省が、日本が世界に対してより開かれた国へと発展する「グローバル戦略」の一環として、２０２０年に日本国内の外国人留学生を30万人に増やすというのが、「留学生30万人計画」である。

　２００８年を境に、日本の人口は減少局面に入り、将来的に少子高齢化が加速度的に進むことが予想された。当然、日本の大学も国公立はもちろん、私企業でもある私立大学ではなおさら、学生の確保が喫緊の課題となっていた。国際交流の名の下、留学生という「お客さん」を招き入れ、大学経営を成り立たせようという安易な発想がある。

　２０２３年５月１日現在、日本にいる外国人留学生は、27万９２７４人であるから、２００８年時点の目標は、数字だけ見れば、ほぼ達成しつつある。コロナ禍前の２０１９年には、約31万人に上った。

　優秀な人材も来るには来たのだろう。だが、その後、日本企業に就職したのか、帰国したのか、公式の統計資料がないので分からない。はっきりしているのは、学生の頭数《あたまかず》をそろえることを優先し、学生たちは玉石混淆の感が否めないのが実情だ。

　東京福祉大学のように、とにかくどんなレベルの低い学生であっても、「研究生」名目で受け入れることで学校運営資金を確保しようとして、問題となった大学もあった。出来の悪い就労目的で来日した東南アジアなどからの留学生が消えてしまったのだ。２０１９年夏のことだ。

２０１６年には茨城県取手市の専門学校が定員の３倍に当たる約８９０人の留学生を受け入れていたことが発覚した。多くは就労目的で、学校側は入国管理局（現・出入国在留管理庁）に出席率を水増しした書類を提出していた。

さらに遡ると、２００４年には、山形県酒田市の酒田短期大学で、受け入れ予定の中国人留学生２６５人が在留資格を満たしていないことが発覚している。

出鱈目な運営をする日本の学校が、〝消えた留学生〟を量産してきた実態は、一部の学校の個別の問題ではなく、「留学生30万人計画」に便乗した構造的な問題だったのである。

政府が留学生や外国人労働者の受け入れで、ブローカーまがいに旗を振り、就学ビザが留学ビザに統合されるなどして、ビザの発給要件が緩和されたことも一因だ。「母国で入学手続きを可能に！」「入国審査の簡素化」「英語のみのコースあり」「卒業後の留学生の雇用促進」……。怪しげなブローカーの信用できないキャッチフレーズのような文言が踊る。

労働現場における人手不足を「留学生」で補おうという発想がそこにある。途上国と日本の間を取り持つ「技能実習生」が劣悪な条件などを理由に逃亡し、消えた現象と軌を一にする。いわゆる「出稼ぎ留学生」である。日本人がやりたがらない「きつい、汚い、危険」という３Ｋ労働の担い手として、低賃金で働いてくれる留学生への期待が高まり、人手不足に悩む中小企業から熱い視線を浴びているのだ。あまりの不評に国会は2024年6月、技能実習に代わる新たな制度「育成就労」を新設する関連法を改正した。

福田首相の施政方針演説と文科省が策定した「留学生30万人計画」を受け、自民党の外国人材交流推進議員連盟（会長、中川秀直・元幹事長）は2008年6月12日、「多民族共生国家」の実現を目指し、今後50年間で1000万人の移民を受け入れる提言を総会でまとめている。入国後10年以上としている永住許可を「7年」に緩和するよう求めたほか、年齢や素行など様々な要件を課している帰化制度も、「原則として入国後10年」で日本国籍を取得できるように改めるべきだとした。

来るのは欧米人ではない。日本の大学を席捲することになるのは、アジア、それも金を持ち教育レベルの高い中国人である。そのうちの一定数は、CSC傘下やCSC以外の共産党工作員である。自民党は今も昔も、中国共産党への警戒感があまりになさ過ぎるし、国防、経済安全保障の危機に対する感度が鈍すぎる。

岸田文雄首相は2022年8月29日、永岡桂子文科相（当時）に対し、「現行の『留学生30万人計画』を抜本的に見直し、外国人留学生の受け入れだけでなく、日本人留学生の送り出しを加えた『新たな留学生受け入れ・送り出し計画』を策定する」よう求めた。

抜本的と言っているが、受け入れ人数を思い切り絞るとかの抜本的な見直しではなく、日本人留学生の送り出しを加えたものに過ぎないから、何の問題解決にもなっていない。

懸念されるのは、ＣＳＣのように事前の契約書に署名することで、中国共産党の工作員になることを誓った高度な人材が、安全保障上の審査を受けることもなく来日することである。受け入れに関する従来の計画を抜本的に見直さねばならないのである。

日本の大学は「学問の自由」を放棄

日本の大学も東大をはじめ、多くの大学がＣＳＣと契約した中国人留学生をきちんとした身辺調査をしないまま、積極的に受け入れている。

ＣＳＣのプログラムで在籍する中国人留学生が、欧米諸国の大学で発覚したように、中国共産党への忠誠を誓う契約書に署名しているかどうかを今すぐ調べるべきなのは、欧米諸国のケースでいま見てきた通りだ。

東大、京大、名古屋大、横浜国大、早稲田大……。ネットで検索しただけでも、出るわ出るわ、どれだけの大学がＣＳＣと契約していることか。これらの大学は、中国共産党に事実上買収されているのも同然だ。そのことに気づかねばならない。そこに、日本の大学が声高に主張する「学問の自由」「自主独立」などの崇高な理念は、どこにもない。

独立行政法人「日本学生支援機構」もCSCと覚書を交わしている。中国政府奨学金による日本人留学生は、2024年度は募集定員110人で、最終的に94人を合格とした。

中国に留学する日本人留学生に対し、中国人留学生ほど厳しい締め付けはなかろうが、少なくとも、中国共産党の不利益になる言動を慎まなければならない——といったような、契約書への署名をさせられている可能性はある。

これに対し、日本の大学に在籍する中国人留学生に対しては、欧米諸国の大学と同様、秘密の契約書への署名を強要しているとみてよかろう。日本だけを例外とする根拠はどこにもないからだ。むしろ、地理的にも文化的にも近く、高度に民主化された日本での言論、研究活動に居心地の良さを実感し、中国共産党に距離を置く可能性が高い。このため、欧米以上に共産党への忠誠を誓わせる必要があるとみられるためだ。

ウェブ上で公開されている東大大学院薬学系研究科の場合、中国の受け入れ対象校として、北京大学や清華大学など二十九校を指定している。この中には、中国人民解放軍とのつながりが強い北京航空航天大学やハルビン工業大学など、「中国国防7大学」と言われる大学も複数含まれていた。

そこで筆者は、2024年10月下旬、東京大学、京都大学、早稲田大学、日本学生支援機構の四者に対し、ＣＳＣによる中国人留学生などの問題について、それぞれの見解を伺うために期限を切って、電子メールで質問状を送付した。

日本学生支援機構11月５日の回答で、「本機構は文部科学省が所管する独立行政法人であり、中国政府教育部が所管するＣＳＣとは、両国の大学間交流事業の円滑な運営及び高等教育機関の国際化の促進という観点から、相互協力に関する覚書を締結しているものです。他方、ご指摘のような実態については把握しておらず、問題があるか等も含めて、判断することはできません（傍線は筆者）」と回答した。

ご指摘のような実態とは、欧米諸国の大学では、ＣＳＣが「学問の自由」を脅かす恐れが指摘されていることだ。

早稲田大学は、「２００８年から派遣学生の受け入れを開始し、近年は毎年60名程度を受け入れています。ＣＳＣに限らず留学生の受け入れに際しては、法令に基づき適切に安全保障輸出管理を行い、国益を損なうような研究活動にならないよう十分留意しています。また、ＣＳＣ奨学金制度による教育・研究等の効果については継続的に検証し、その結果を踏まえて課題や今後について検討しております」と回答した。

東京大学は、「関連部署が複数またがることから、ご指定の回答期限までの回答が難しく、ご希望に添えず大変恐縮ですが、何卒ご理解賜れますと幸いです」との回答だった。

京都大学は、「ご質問の内容に関しましては、お答えいたしかねます」だった。

どうだろうか。もっとも丁寧な回答を寄こしたのは早稲田大学だ。同大の場合、17年間で約1000人を受け入れてきたことになる。法令に基づく適切な安全保障輸出管理をしているとのことだが、中国人留学生が中国共産党への忠誠を誓う契約書に署名させられていることや、それによる大学における「学問の自由」が脅かされていることについての言及はなかった。

残念なのは、京都大学である。旧制三高時代から続く「自由な学風」の看板が泣くような対応である。京大自慢の「自由な学風」とは、CSCに学問の自由が奪われ、筋を曲げてまで中国共産党に買収されることも、「自由な学風」のことなのか。

他にも、横浜国大など数多くの国立大学、私立大学がCSCと協定を結んでいる。東大や京大がCSCとの提携を進めているのだから、バスに乗り遅れないよう、うちの大学も積極的に推進しましょうと考えていることは、想像に難くない。

中国共産党の接待に預かり、性善説で動いてしまう日本社会は、政界、財界はもとより、アカデミアも朱色に染まったまま何ら問題を感じないらしい。

中国共産党の金を一度でも懐に入れ、中毒性のある甘い蜜を吸った者は、彼らから見れば小金で買収した反逆を許さぬ工作員であり、裏切りは許されない存在なのである。日本人にはそれが理解できないから、救いようがないのだ。

在日中国人である筆者の知人は、質問状を出した大学に在籍していた中国人の元留学生から直接話を聞く機会があったという。元留学生は、秘密の契約書への署名どころか、駐日中国大使館の幹部から、中国共産党への協力者となるようリクルートされたと語ったという。

こうした中国人留学生が、大使館の命で仲間の留学生の言動や日常生活を監視し、教壇に立つ教授や講師らに、「三つのＴ」すなわち、「台湾」「天安門」「チベット」などの問題で言葉狩りを仕掛け、時に吊し上げを行った例を知っている。当事者の元講師に直接話を聞いているから、本当だ。筆者も最初は自分の耳を疑ったほどだ。

各大学は、中国共産党の支配下にあるＣＳＣの実態を知らなかったのかもしれない。知っているのに見て見ぬふりをしてきたのかもしれない。

いずれにせよ、この問題が国会で取り上げられる前に各大学の責任でしっかり調査すべきは調査をし、襟を正したらどうか。

それなくば、「学問の自由」が聞いてあきれよう。欧米の大学は、日本の大学の脇の甘さに驚くと同時に、侮蔑のまなざしを向けてくるだろう。それだけならまだしも、安全保障上の懸念を理由に、日本の大学と連携して学問に取り組むことを拒否するかもしれない。

早稲田大学に出来て、なぜ京都大学には出来ないのか。国立大学は国民の財産である。すぐにでもＣＳＣの実態について調査し、結果を公表して大学としての見解を明らかにすべきである。

それができないというのなら、京大に「自由な学風」を語る資格はない。

CSCによる博士課程の留学生ばかりではなかろうが、東大の場合、中国という特定の国からの留学生の数がとんでもないことになっている。

10月2日付「文春オンライン」によると、東京大学は年2回、外国人学生数の調査を発表しているが、最新版によると、中国人留学生は3396人在籍し、外国人留学生の66・5%を占めているという。

東大関係者によると、今年5月の時点で東大の学部生は約1万4000人、大学院生は約1万3500人で、合計約2万7500人が在籍しているといい、東大に在学している学生の12%超が中国人になるという。日本の高校などを卒業し、留学生枠に入っていない中国人もいるため、実際はさらに多いとみられる。

東大名誉教授の山内昌之氏は、文春オンラインの取材に対し、「東大は国の最先端の研究機関であり、国の安全保障にかかわる研究も行われている。日本を取り巻く安全保障の問題から考えると、中国人が東大を席捲し、ここまで増えているというのはリスクを懸念せざるを得ない」と警鐘を鳴らす。

続けて、国際化の流れは否定しないが、バランスが大事だという山内氏は、「日本で学びたい人たちの自由は尊重すべきだが、東大には国から多額の金が入っていることを忘れてはいけない。

中国という国が軍事大国であり、日本の脅威となっていることを踏まえると、制限なく受け入れ続けるのは、国民にとって危ない事態であると言える」とも語っている。

東大は国際情勢や日本の安全保障上の懸念には興味がないらしい。国の機関である以上、施設も知的財産もいずれも国民の資産である。

東大よ、国を売りたもうことなかれ――。

第2章

留学生／戦後編
「スパイ天国」の日本

現代の中国人留学生は反日と親日に「二極分化」

「わが国の宝ともいえる留学生」

2022年3月3日、首相官邸での記者会見で、実態も知らずに役人の書いたペーパーに目を落としたのは、岸田文雄前首相。

確かに、留学生がそのように見られていた時期もあった。発展途上の母国と日本の懸け橋になることを期待されていたからだ。

だが、留学生は卒業後も母国に帰らず、日本の企業に就職する者も少なくない。それ以上に問題が深刻なのは、江沢民《こうたくみん》国家主席の時代からより激しくなった日本への憎悪を煽る反日教育を受けてきた中国人学生が、ウンカのごとく日本に押し寄せてきていることだ。

もちろん、純粋に日本で勉強しようという若者が少なくなかろう。アニメなど日本のサブカルチャーや治安の良さ、安全な食材、四季折々の自然に憧れる。あるいは、日本より競争の激しい中国の大学への入学や米国留学が果たせず、ハードルの低い日本の大学に手っ取り早く入ってしまえと考えて来日する中国人学生もいることだろう。

だが、彼らの母国は、共産党独裁の全体主義国家なのである。毛沢東時代には「大躍進」の結果、飢えや事故死など、中国の人民2000万人以上が死に追いやられ、現代では民主活動家や日本人ビジネスマンらが容疑も明らかにされないまま、不当に身柄を拘束されている、そんな国家からやって来た留学生なのである。

留学生を装った一定数の工作員がいても不思議ではない。日本の公安当局がその動向をウォッチしているのは知る人ぞ知る。

現在、中国共産党に秘密の「忠誠の誓約」を書かせられたCSC（China Scholarship Council 中国国家留学基金管理委員会）による博士課程の学生を含め、日本には約11万5000人（2023年度）の中国人留学生がいる。

興味深いのは、これら留学生は大きく分けて、熱烈な「愛国主義者」と強権政治を強める習近平国家主席を毛嫌いする「反習近平派」に二極分化されていることだ。

暮れも押し迫る中、日本に長く住む知人の中国人の紹介で、昨年来日したばかりだという中国人留学生や日本企業に勤める会社員らに話を聞く機会があった。在日留学生らが二極分化していることは、その際に耳にした話だ。CSC留学生のすべてが愛国主義者というわけではなく、中には渋々署名させられた研究者もいるだろうが、有事にヒト、カネ、モノを政府に提供する義務のある中国国内法の国防動員法が発令されれば、中国本土に残してきた家族を人質にとられて否応なく「反日工作員」に変身することが想定される。

ＣＳＣ留学生だけでなく、一般の留学生も在京中国大使館や総領事館に監視され、キャンパス内で同胞の言動を見張って大使館や総領事館に定期的に報告書を積極的に提出するなどの「愛国的な」活動をしているのは知る人ぞ知る。

一方、筆者が取材した中国人留学生の李召軍さん（仮名）は、本国にいるころから習政権や地方政権の強権的な政治手法に嫌悪感を持ち、「中国には自分の居場所がない」「子供にウソの歴史や人間性を損なうような中国の教育を受けさせたくない」などの理由で日本にやって来たといい、そんな自分と似たような留学生が全体の半数近くはいるのだという。

李さんは日本のアニメが好きで、中国の自宅には数百体に上るアニメのフィギュアがあり、スマホで撮ったコレクションの写真を嬉しそうに見せてくれた。日本を選んだのはもちろん、アニメの〝聖地〟があるからで、日本語学校の授業の合間をみて全国各地の聖地を撮影旅行しているのだという。もともと中国ではＩＴ系のエンジニアだった李さん。現在、居酒屋でアルバイトをしながら通っている日本語学校は２０２３年度で卒業し、それ以降は日本で日本企業への就職を考えているという。

そんな李さんが驚く証言をしてくれた。中国政府が１９７９年から進めてきた一人っ子政策の闇についてだ。一人っ子政策は、食糧不足を防ぐ目的で導入され、２０１６年に廃止された。40

年近くにわたって進められた非人道的な政策により、「人口抑制で一定の効果はみられたが、人口構成が歪むなどの弊害が生じた」というのは表向きの解説だ。

実際には避妊具も粗悪品だったり、そもそもなかったりして、妊娠する女性が後を絶たなかったという。このため、共産党による強力な取り締まりが行われ、妊婦を見つけるよう密告が奨励され、見つかると強制的に堕胎させられたのだという。当局の指示で中絶手術を行う任務を強制された産婦人科の医師だったのが、李さんの近所の知人だった。李さんはこの知人に連れられて中絶専用の施設に行き、多くの悲劇を目の当たりにしたのだという。

施設内の大きな冷凍庫には、中絶した胎児が何十体も保管され処分待ちの状態だった。３人の娘を持つとある夫婦は、男の子が欲しくて４人目を授かったにもかかわらず中絶を強制され、取り上げた胎児が男の子だったケースもあったという。それをみた父親が悲しみのあまり錯乱し、一人っ子政策の現場監督である共産党の担当者を「殺してやる」と言って刃物を持って家を飛び出したという話も耳にしたという。

李さんが言うには、そんな過酷な環境ではあったが、産婦人科医だった知人は、中絶する際の注射をわざと胎外にして何百人もの胎児の命を救い、親から感謝されていたという。この現場監督は後に出世し、地方の党幹部にまで登りつめたという。

中国の一人っ子政策とは、避妊を呼びかけて出生を抑制するのではなく、国家による胎児殺しだったのである。

★ 強化される反日教育

こんな非人間的で「悪魔のような政府」（李さん）で育った李さんの別の知人には、一人っ子政策を生き延びた子供がいる。小学生なのだが、中国における道徳教育がとても日本人の私に話せるような内容ではなく、酷いものだと語り始めた。この知人によると、いつにもまして、反日教育が強化されているのだという。蘇州で日本人の母子が襲われたり、深圳で日本人の男児が殺された背景には、こうした中国社会の歪んだ風潮があるのは間違いない。中国政府は容疑者を取り調べる前から「個別の事件」と断定して矮小化を図っているが、それは虚偽である。日本など他の国で、特定の国の子供を狙った殺傷事件が起きていないのが何よりの証拠だ。

李さんによると、道徳の授業は週に3回あって、このうちの1回は、今でも授業で使う教科書の持ち出しを厳禁としているのだという。授業内容を保護者に知られないためだ。聞けば思わず目を剝《む》くような話だった。例えばこのような内容だ。「日本人は戦前、中国人をいじめてばかりいた。だから日本人を見たら殺しても構わない」、「アメリカ人は中国をいじめている。だからアメリカ人を見たら殺しても構わない」といった内容という。

あるとき、道徳の授業で先生が子供たちに、将来何になりたいかを聞いたところ、子供たちは一斉に手を挙げて、指名された一人の子が「大人になったら軍人さんになって、日本人やアメリカ人を殺してやりたいと思います」と答え、他の子たちも一斉に「私も」「ぼくも」と声をあげたのだという。

驚いた李さんの知人は自分の子供に、「先生の言っていることは間違っている。先生の言うことを信じてはいけない。人を殺しては絶対にダメだよ」と諭したのだという。ただ、最近ではさすがに、先生のいうことが極端な話であり、信用できないという空気が教室内にも強まっているという。中国のＳＮＳは、中国政府や共産党に都合の悪い情報が閲覧できないよう厳しく情報統制されているが、それでもＴｉｋＴｏｋなどで日本や欧米諸国では自由な社会があり、そこでは自由な言論が保証されていることが知れ渡るようになったためらしい。

日本企業に勤める会社員の子供は来日当初、日本が憎くて怖くて、日本で暮らすのが嫌で仕方なかったというが、半月もしないうちに、「日本人は優しい」「日本にずっと住んでいたい」「中国には帰りたくない」と言い出すようになったという。今後も日本の学校で日本人と同じような教育を受けさせたいと語ってくれた。

★★★★★ 早稲田大学に中国人留学生3300人という愚策

これはもうほとんどビジネスといっていい。早稲田大学が力を入れている留学生の招致である。少子化による学生数の減少をどうやって埋め合わせるか。定数の維持を図るために闇雲に日本人学生を入れると大学のレベル（いわゆる偏差値）が下がる。そこで登場したのが、外国人学生（留学生を含む）を入学させる措置で、その多くを占めるのが中国人学生だ。

早稲田大学全体で、111カ国からの6133人の外国人学生のうち、最も多いのが中国出身の学生で3420人おり、全体の55・76％を占める。次いで、韓国748人（12・20％）、台湾329人（5・36％）などとなっている（2023年11月1日現在、早稲田大学「留学センター」電子版）。

独立行政法人「日本学生支援機構」によると、2020年度で、外国人学生（留学生）の受け入れトップは、早稲田大学で4742人、次いで東京大学4076人、日本経済大学3355人、京都大学、大阪大学に次いで、立命館アジア太平洋大学（APU）が2509人などとなっている。

2019年度で注目したいのは、早稲田大学5724人、東京福祉大学4273人、東京大学4178人、日本経済大学3487人、APU2759人という順番だ。翌年度には東京福祉大学がトップ2どころか、ランク外となるのだが、それはずさんな学校経営の実態が社会問題化したからだ。

日経新聞の2019年6月11日付電子版はこう報じている。

「文部科学省などは11日、東京福祉大（東京・豊島）で学部研究生ら留学生約1600人が所在不明になっているとの調査結果を公表し、『大学の責任は重大』として研究生の受け入れを当面停止するよう指導した。私学助成金の減額や不交付も検討する。留学生の在籍管理の徹底を大学に求め、不法残留や不法就労の増加に歯止めをかける姿勢を強く打ち出す。

東京福祉大では3月、多数の留学生が所在不明になっていることが発覚し、文科省などが調査していた。調査結果によると、同大は近年になって留学生の受け入れを急拡大。2016～18年度に約1万2000人の留学生を受け入れたが、うち1610人が所在不明、700人が退学、178人が除籍になっていた」。

どうだろうか。東京福祉大学は2020年度以降、24年度まで、所在不明者の問題が改善されていないとして、文科省から私学助成金11億2千万円が5年連続で全額不交付されている。筆者は2019年夏、東京福祉大学における「消えた留学生」が社会問題となった際、同大学へ取材に行き、ミャンマー出身だという男子学生に話を聞こうとした（『日本復喝！』ハート出版）。しかし、日本語はまったく通じないのだ。分からないふりをしているのかと思ったが、本当に分からないことは彼の身振り手振りで理解した。学費さえ納めれば、あとは野となれ山となれ。まがりなりにも教育機関として、大学側のモラルが問われるのは当然だ。

さて、早大も東大も行けば分かるが、キャンパスを歩くと中国語が飛び交う。２０２４年夏、東大法学部に留学中の韓国人留学生から、日本メディアの対韓国報道についてのインタビューを受けるため、指定された東京・本郷の東大法学部の建物に向かうと、いきなり中国語のシャワーを浴びて驚いた。数字では知っていたが、早大よりも多くの中国人留学生が在籍していることを目の当たりにした。

早大における中国人留学生は増加の一途だ。いまや、ＪＲ高田馬場駅（東京都新宿区）から地下鉄東西線の早稲田駅までの通りは、ガチ系の中華料理屋が数多く軒を並べている。筆者がこれまでに世に問うてきた、中国による日本への〝静かなる侵略〟シリーズを手にした方はもう、お気づきと思う。３番目に多いのが東京福祉大学で、４番目が日本経済大学、５番目が立命館アジア太平洋大学（ＡＰＵ）となっている。

東京福祉大学（東京都豊島区池袋）は、留学生の大半が消えるなど、ずさんな経営が社会問題化し、筆者も現地取材した大学だ。

日本経済大学（福岡県太宰府市等）は、シリーズ第一作『静かなる日本侵略』（ハート出版）で、留学生だらけの九州国際高校（宮崎県えびの市）を取り上げた際、外国人学生の割合の多さが目立つ大学として、日本経済大学を取り上げた。

同大学の東京渋谷のキャンパスでは、開設初年度の２０１０年、９４０人の新入生のうち９割が中国出身者だった。ベトナムやネパールなど計17カ国からの留学生率は99％に上る（ネットメディア「ＪＢＰｒｅｓｓ」）。私立大学協会によると、これも少し古いデータになるが、渋谷校では８割を超える１３００人が外国人学生で、最近では中国人を抜いてベトナム人が最多となっているという（２０１７年10月４日付電子版）。そして、大分県別府市のＡＰＵ。孔子学院やムスリムの土葬問題で二度、取材のため足を運んだことがある。キャンパスは国際色豊かで、ヒジャーブを身に着けた女子学生の姿も散見された。

元凶は文部科学省

外国人学生の受け入れに熱心な大学がすべてそうだとは言わないが、私学助成金などの補助金目当てとしか思えない。それほど極端に高い割合で外国人学生を受け入れ、日本人学生はまばらなどというのは、違和感しか持ちえない。国際化を意識した多文化交流などのキャッチフレーズの陰で、過疎で学生が集まりにくかったり、人気のない大学が手を染めたのが、学校経営を目的とした外国人学生の受け入れなのである。

その元凶が文部科学省だ。実際、私立大学に天下りの斡旋《あっせん》や私大支援事業をめぐる受託収賄で幹部が起訴されるなどの不祥事に揺れる文科省の体質は旧態依然だ。

キャリアの文科官僚はその大半が退職後に大学に再就職し、後輩官僚を使って外国人学生を増やして補助金を引っ張るという錬金術が、退職後のビジネスモデルとして定着している。

文科省によると、日本政府が全面的に金銭支援する国費による外国人学生（留学生）は、中国人が最も多くて１０６４人。これは、全中国人留学生のうち1％に当たる。

独立行政法人「日本学生支援機構」によると、２０２３年5月1日現在の外国人留学生の総数は、27万９２７４人で、日本政府の奨学金を受給している国費留学生は８７６１人。

留学生数に対する国費留学生の比率が最も高いのはタイで７０４人（17・７％）となっている。

3・11東日本大震災の際、２００億円を超える義援金を送ってくれた台湾の学生は国交がないことを理由に国費留学生の対象外だが、公益財団法人日本台湾交流協会を通じた支援制度はある。

中国人の国費留学生が多いのではないかという指摘に対し、文科省は、「総数は２０１７年5月現在で９１６６人。このうち中国籍の国費留学生は１０６１人と国費留学生全体の12％程度であり、国費外国人留学生制度の予算の大半を中国人留学生に支給しているということはない。なお、国別の留学生総数と、そのうち国費留学生数の割合についても中国は１・０％であり、全体の平均（３・４％）と比しても低い割合となっている」（文科省ホームページ）としている。

これは数字のトリックである。何しろ、母数が桁違いに多い。中国人留学生の総数は、12万１８４５人（２０２０年5月現在）もいる。むしろ、中国人の国費留学生が、中国人留学生全体の12％に上ることの方が問題ではないのか。支給する留学生の選定基準はどうなっているのか。中国側の推薦に基づき、断り切れなくて受け入れてしまった結果が、この数字なのではないか。検証が必要だ。

私費留学生の場合、独立行政法人「日本学生支援機構」を通じ、学業優秀、人格が優れながら経済的に修学が困難な大学院生、大学生で、仕送りが月額９万円以下の場合、それぞれ月額４万８千円が支給される。

文科省によると、２０１９年度のいわゆる国費留学生には、日本語研修期間は月額14万３千円、修士課程及び専門職学位課程が月額14万４千円、博士課程は月額14万５千円が支給される。往復の旅費も基本的に全額支給される。

中国人留学生の場合、日本政府から給付された一定額を在京の中国大使館に納めさせられているる（週刊新潮２０１３年8月1日付電子版）といい、われわれの血税が知らないうちに中国当局に流れているのだ。

気になるのは、中国人留学生の中には、軍人の子息や共産党幹部の親戚が少なくないとみられることだ。高等教育を受けるには、母国中国でそれなりの基礎教育が必要だし、日本政府から渡航費や住居費、小遣いなどアゴ足つきだったとしても、それに先立つ資金調達は一般市民には高嶺の花だからだ。

中国や韓国の留学生は日本で何かを学ぶというよりも、日本人学生を捕まえては、「日本は侵略戦争を起こした」「尖閣諸島は中国領だ」「独島は韓国領だ」と言い、友好の名の下に踏み絵を迫る。筆者自身が大学生のとき、韓国人学生にこれをやられ、こちらも言わなくてもいいことを言ってしまったりして、険悪な関係になったことがあった。

東南アジアや欧米の留学生が親日になって帰国するケースが多いとされるのに比べ、雲泥の差である。

ちなみに、オーストラリアには約15万人の中国人留学生がいる。米紙ニューヨーク・タイムズは、シドニーのレービ研究所の東アジア問題専門家、バラール氏の話として「中国人留学生は中国共産党の言い分に反する事実や見解を受け入れようとしない学生が多い」という指摘を紹介している。

つまり、中国共産党の意に反する事実や見解は認めない学生ばかりだというのだ。景気の良くないオーストラリアの大学に中国の留学生が大金を注ぎ込んできた。自業自得なのだが、オーストラリアのアカデミズムは、彼らの傍若無人なモノ言いを無視できないところまで追い詰められている。オーストラリアの大学教授がすでに天安門事件や台湾をめぐる自身の発言をめぐり、中国人留学生につるし上げられていることは何度か指摘した。

英公共放送ＢＢＣによると、豪ニューキャッスル大学の授業で「台湾は独立した国」との見解を示した教授に対し、中国人留学生が「教授の発言は不快であり、謝れ」などと抗議した。教授は「やかましいっ」と切り捨てれば良いだけのことだが、「あなたたちが私（教授）の見解に影響されたくないように、私もあなたたち（中国人留学生）に影響されたくないから謝罪要求は受け入れられない」と反論したというのだから、さすがの切り返しだ。こんな学生に単位をくれてやる必要はないのである。落第させるのが正しい。

かたや日本。政府が国費留学生の条件とした「学業優秀で人格高潔な学生」が、日本の国益に照らして「優秀であり、人格高潔」とは言い切れまい。日本の大学では大人しい先生方が多く、豪州の大学教授のようにしっかり論理的に反論できるかどうかは疑問だ。日本の大学教育の現場も、一度じっくり調べる必要がありそうだが、「学問の独立」を盾に穴熊のように引きこもり、世間知らずの教職員が支配している現状では無理な相談であろう。

★★★★★ 中国国防動員法に縛られる留学生

2008年に胡錦濤《こきんとう》国家主席が早稲田大学を訪れた際、キャンパスが赤旗を持つ学生で埋め尽くされた。北京オリンピックの聖火リレーが行われた長野県・善光寺周辺にも、北京の号令一下、在京の中国人留学生らが手に手に巨大な五星紅旗《ごせいこうき》を持って集結し、聖火リレーを見に来た沿道の日本人らに小競り合いを仕掛け、暴力を働いたのは記憶に新しい。

これは2010年7月に施行された「国防動員法」という中国国内法の予行演習の意味合いがあったとされる。有事平時を問わず中国国内はもとより在外の中国人（華僑、華人、留学生を含む）が、北京の命令一つで大量動員をかけることができる、威圧することができるというデモンストレーションだった。

チベット動乱、毒入りギョーザ事件で日本人の中国への国民感情は悪化しつつある中での出来事だった。

このとき、若い中国人留学生らの狼藉について、牧野聖修・前民主党衆院議員は産経新聞の取材に対し、「ワン・チャイナ」（一つの中国）と叫ぶ中国人たちの妨害は激しかった。沿道でチベットの「雪山獅子旗《せつざんししき》」を振っても大きな中国国旗で取り囲まれ、中国人らに車道に押し出された。

何とか聖火リレーの終着点である若里公園にたどり着いたが、中国国旗で埋め尽くされ、足を踏み入れる余地がなかった――と証言している。

牧野氏は現職時代から、チベット仏教最上位のダライ・ラマ14世の来日をめぐる人権問題に取り組んでおり、筆者もたびたび議員会館などで意見交換したことがある。

ちなみに、そのときの牧野氏の話だと、在京の中国大使館の政治担当公使が何度となく議員会館にやってきては「訪中したら共産党首脳に会わせる」「訪中すれば中国各地の観光地をご案内する」と懐柔されたという。

それをやんわり断ると、今度は掌を返したように、なぜ日中友好に協力しないのか、議員としての立ち位置がどうなっても知らない――などと恫喝されたと言っていた。

聖火リレーに戻る。長野市の主婦は「小学1年生の長女と手作りの日の丸を作って聖火リレーを見に行ったけど、畳ほどもある大きな中国国旗ばかりで圧倒され、怖くなったので娘に日の丸を振るのをあきらめさせた」と答えている。

さて、中国人をはじめとする外国人留学生だが、２０１８年度の文科省予算を見てみると、「優秀な外国人留学生の戦略的な受け入れ」との項目で、勧誘から奨学金制度、就職促進などで計２６３億５９００万円を計上している。これに対し、日本人学生の海外留学支援制度として、わずかに81億１４００万円が計上されているだけだ。

外交的配慮が背景にあるのなら、希望者は少なかろうが、日本人留学生も同じ規模で中国の大学が受け入れ、優遇しなければ相互主義にもとる。

「大学の教授より、むしろ小学生の先生を大事にしなければいけない。小学校の先生が白紙の子供を教えるのだから」

田中角栄元首相の名言である。

敷衍《ふえん》するつもりで拡大解釈すると、「反日という色のついた大学生（特に中国共産党系の留学生）を大事にするよりも、中国政府に対し、色のついていない純真な中国人の子どもへの反日教育を止めさせることに頭とカネを使った方がよっぽど利口だ」となる。

自民党の小野田紀美《きみ》衆院議員はかねてより、外国人国費留学生が日本人学生に比べて、優遇され過ぎている実態を問題視し、政府に制度のあり方を見直すよう働きかけてきた。

国費留学生は在外公館による大使館推薦採用者と大学推薦採用者の2種類存在する。学費等については、大使館推薦でそれが国立大学の場合は国立大学が、公私立大学の場合は文科省が負担する。大学推薦の場合は、国公私立大学の分類に関係なく、各大学が学費を負担する。大学院レベルの学生には、先述の通り、月額約14万円もの奨学金が支給される。

問題なのは、在外大使館の推薦である。特に中国の場合、在北京の駐中国日本大使館は他の在外公館に比べて、極端なほど中国べったりだ。国費留学生についても、北京当局が推薦してきた学生の人定《じんてい》をろくに調べもせずにそのまま推薦リストに掲載、日本に送り込んでいたのだからタチが悪い。チャイナスクール出身の外務省担当審議官を国会に呼び、推薦の過程を詳《つまび》らかにするよう説明を求める方針だ。

2020（令和2）年、国費留学生は全体で約8700人で、最も多いのがインドネシアの約880人、中国人の国費留学生は834人と国費留学生全体の約10％だった。2017年に比べて減っている。

文科省担当局長は当時、国会答弁で「外国人国費留学生制度の予算の大半を中国人留学生に支給しているということはない」と説明していたが、逆に10％近くというのは、かなり多い数字とみなければならない。中国共産党政権が推薦してきた中国人の国費留学生が、ざっと850人もおり、日本政府が国民の税金で賄っていることになる。

このうち、何人が中国共産党の息のかかった学生なのか、突き止めるのは難しいだろう。

国費留学生を含むすべての留学生数と地域の割合は、文科省などの資料（2023年5月時点）によると、アジアでは、中国がトップで、インドネシア、タイ、ベトナム、韓国と続く。2023年5月現在だと、留学生で多い順に、中国（11万5493人）、ネパール（3万7878人）、ベトナム（3万6339人）、韓国（1万5785人）など。

気を付けなければならないのは、中国人民解放軍と軍学提携している中国の国防7大学と言われる大学出身者も多数含まれていたという事実である。先述した通り、中国側が推薦してきた学生を在北京の日本大使館が何らチェックすることなく、東京に具申していたのである。

国費を使っても変わらぬ中韓の「反日」姿勢

中国の科学技術の進歩は目覚ましいものがあり、日本の方がむしろ、後塵を拝している分野が多くなってきている。それでも極小の世界であるナノテクノロジーの分野、例えば、分子生物学などナノレベルのロボット開発など、軍事応用可能な分野での日本の先端技術は他国の追随を許さぬ分野も多数あり、技術流出の阻止は喫緊の課題となっていた。

外国人の国費留学生制度は、1954（昭29）年、第5次吉田茂内閣時代に始まった。「日本との友好親善に尽くす人材を育てるとともに、母国の経済発展に資する」ことが目的だった。このあまりに古い建前が何ら見直されることもなく、惰性で続けられ、80年近くにわたって血税を垂れ流してきたのである。

中国はGDPで4位の日本に大きく水をあける経済大国である。日本がもはや、「母国の経済発展に資する」と上から目線でジャブジャブ金を払う相手でないことは明らかだ。

また、日本が年間180億円以上も税金を注ぎ込みながら、国費を使って外国人留学生を受け入れていることの意味はどこにあるのか。中国や韓国などの「反日」姿勢は変わっておらず、友好親善に寄与しているとは思えないからだ。

日本の大学生の約半数が「奨学金」という名の借金を背負い、卒業後の「奨学金破産」が社会問題化するなか、国費留学生制度は見直されるどころか、放置されたまま税金は垂れ流しされている。

「日本人の学生は、（返済の必要のない）給付型奨学金の支給額が月額で2万～4万円。それが、外国人の研究職の国費留学生の場合では月額14万円強だ。大臣、切ないとは思いませんか？」

自民党の小野田紀美参議院議員は２０１９年4月15日、２０１７年度予算をめぐる参院決算委員会で、こう質問した。

柴山昌彦文科相は「国費の外国人留学生制度は、戦略的に優秀な外国人留学生を採用している制度設計だ。ご理解をいただきたい」と答弁した。三流官庁の役人が書いたペーパーの棒読みである。

小野田氏はこれに納得せず、「ならば、『日本人の学生の方が恵まれていない』という反応が出てこない制度に、仕組みを変えてほしい」と迫った。野党席からも「そうだ！」という声が上がった。

国費留学制度は、「日本との『友好親善』に尽くす人材を育てる」ことが目的だった。それから65年が過ぎた。

国会で明らかになった決算資料などによると、2017年度には約9000人の国費留学生に総額180億円近くが奨学金や授業料の一部などとして支給された。文科省によると、2019年度予算は185億円という。

各国との友好親善が目的の一つだが、公益財団法人「新聞通信調査会」が2016年、「日本への信頼度」を国別に調査した結果、中国と韓国の留学生で「日本に好感が持てる」と答えたのは、わずかに30%程度だった。これで、文科省は「効果がある」と胸を張れるのか。筆者の場合、「日本に好感が持てない」と答えた中韓の留学生に何が不満なのだと直接聞いてみたいくらいだ。

これでは、何のために巨額の国費を使って中国、韓国人らを日本に留学させているのか分からない。国費は国民の血税である。現場から上がってくる予算要求にただ漫然と応じていた文科省は万死に値する。文科省は国費留学制度に効果があるとは認められまい。

現在、日本の大学生の2人に1人が奨学金を利用しているという。奨学金には大きく給付型と貸与型があり、給付型は返済の必要はないが、貸与型は卒業後に返済義務が生じる。つまり借金であり、卒業後に返せなくなって自己破産というケースもある。

さらに問題なのは、とかく日本人学生との比較で、優遇され過ぎているのではないかという声がくすぶっている中国人留学生への「免税措置」だ。

日本政府は、日本でアルバイトをする中国人留学生に適用されている給与の免税措置の撤廃に向け、日中租税条約の改正を検討に乗り出した時期もあった。給与の免税措置は留学生の交流促進を図る目的で導入されたが、滞在国で課税を受けるという近年の国際標準に合わせるためで、至極当たり前の対応だった。

日中租税条約は１９８３（昭和58）年に締結された。同条約の21条では、教育を受けるために日本に滞在する中国人留学生が生計や教育のために得る給与を免税扱いにしている。雇用先の企業を通じて必要な届け出をすれば、生活費や学費に充てるためのアルバイト代は源泉徴収の対象とならず、課税されないことになっていた。

免税措置は、相互主義に基づき、建前上は中国に滞在する日本人留学生にも同様に適用される。ただ、日本で働く中国人留学生に比べ、中国でアルバイトを希望する日本人留学生は限られる。また、日本人留学生が中国で就労許可を受けるハードルも高いとされ、中国人留学生が免税を受けるケースの方が圧倒的に多いのが実情だ。

留学生が受け取るアルバイト給与については、居住する滞在国で課税を受けることが国際標準となっている。このため日本政府は、米国やシンガポール、マレーシアなどとの租税条約を改正する際に、免税規定を削除してきた。一方、中国以外でも韓国やフィリピン、インドネシアなど、免税規定が残る条約もある。

小野田氏は2019年4月15日の17年度予算をめぐる参院決算委員会で、「国費留学生たちは本来、日本から祖国に帰り、その国の発展に尽くすことが目的の一つだった。ところが、実際は日本国内に残って就職する例も多く、帰国者は半数にとどまる。日本人の大学生は、そんな優秀な外国人留学生が就職活動などでライバルとなる」と指摘していた。

また、「日本人の学生にこそ国費を投じて、即戦力として世界で戦えるような人材に育てるべきではないのか。日本の学生の職を奪うかもしれない留学生のために国費で入れるのはどうなのか、との意見があっても不思議ではなく、心配だ」と語っていた。

すべての中国人留学生がそうだとは言わないが、中には中国共産党をバックに、先端技術の窃取など、明確な国家意思を背負って日本に留学してくる学生も少なくなかろう。

中国の圧力に屈さずに『サイレント・インベージョン（目に見えぬ侵略、日本語版のサブ）』の著書を出したチャールズ・スタート大（豪州・シドニー）のクライブ・ハミルトン教授は、筆者の取材に対して電子メールで、「北京政府は、日本を含む世界の有名大学を対象に自分たちへの賛同者や代弁者を数多く育てるとともに、中国人科学者を他国に送り込んでいる。中には軍事研究に携わる研究者もいる。日本政府は、日本国内で何が起きているのかを大学側に気づいてもらうよう対策を講じるべきだ。孔子学院を含めて、中国共産党の影響力に抵抗するよう、大学側に圧力をかける必要がある」と語っていた。

第3章

留学生／戦前編
親日留学生が抗日武装闘争へ

戦前の中国人留学生

さて、当世留学生事情はいま見てきた通りだが、戦前も盛んに留学生の受け入れは行われていた。彼らは日中の懸け橋になるどころか、毛沢東（1893〜1976）が率いる八路軍に入党したり、蔣介石（1887〜1975）総統が率いる中国国民党軍に参加して日本軍に銃口を向けたり、プロパガンダの尖兵《せんぺい》となってきた歴史の事実は意外と知られていない。

日本留学組で「知日派」と呼ばれた勢力によるプロパガンダのけん引役である八路軍工作部長の王学文《おうがくぶん》（1895〜1985）は京都帝国大学卒である。

孫文《そんぶん》（1866〜1925）や康有為《こうゆうい》（1858〜1927）ら、大勢の中国人留学生を受け入れた過去のノスタルジーに浸り、今ではまったく状況が違うにもかかわらず、日本を仮想敵視する中国共産党が支配する中国大陸から3300人を超える留学生を受け入れる早稲田大学は、中共のプロパガンダの尖兵ともいえる孔子学院まで設置している。

孫文

後述するが、CSC（China Scholarship Council　中国国家留学基金管理委員会）という中国政府の国家建設高水準大学公費派遣研究生プログラムで、中国共産党の息のかかった学生を検証もなしに受け入れているのである。彼らは、ＣＳＣに応募する際、中国共産党に対して、宣誓書を提出し、有事・平時に中国共産党に協力する中国国防動員法などの国内法を守り、いざとなれば留学先の国に剽窃や扇動などの打撃を与える役割を担っている。

共産党内の「知日派」と敵軍工作

清末から多くの若い中国人留学生が日本に渡ってきたことは、よく知られている。中国で革命を起こした政治家・軍事家・文学者の多くは、日本留学経験のある人物だった。

中でも孫文や魯迅《ろじん》（１８８１～１９３６）、蒋介石や周恩来（１８９８～１９７６）のほか、１８７９年生まれで、日本に計５回も滞在経験があり、中国共産党の設立者の１人で初代総書記

蒋介石

陳独秀

李大釗

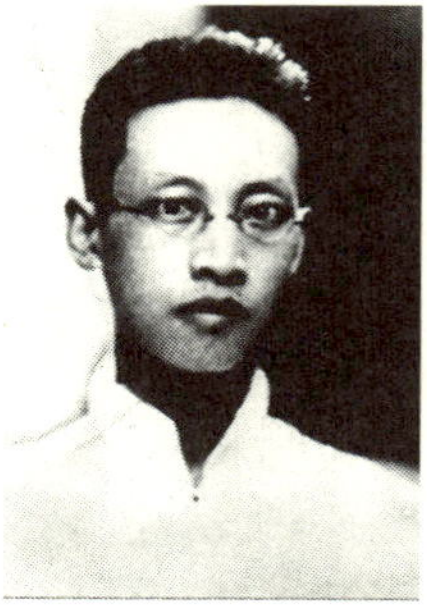

李漢俊

董必武

に選出された陳独秀《ちんどくしゅう》（１８７９～１９４２）、中国共産党創設の主要メンバーの１人、李大釗《りだいしょう》（１８８９～１９２７）、中国の近代文学・歴史学の開拓者の１人、郭沫若《かくまつじゃく》（１８９２～１９７８）などが知られている。共産党創立メンバー13人中４人が日本留学経験者である。

さらに中国共産党第一回全国代表大会代表には、社会科学者の李達《りたつ》（１８９０～１９６６）、東京帝大に留学し、中国共産党創立者の１人となった李漢俊《りかんしゅん》（１８９２～１９２７）や、その兄で日本陸軍士官学校に学んだ李書城《しょじょう》（１８８２～１９６５）、同じく共産党創立者の１人、董必武《とうひつぶ》（１８８６～１９７５）、中華民国の政治家、周仏海《しゅうふつかい》（１８９７～１９４８）などの日本留学経験者がいた。李漢俊は日本で共産主義を学んでいたのである。

そもそも、人民、共和国、共産主義、民主主義、政治、法律や委員会という概念も言葉も清朝時代にはなかったものばかりだ。欧米から先に学んだ日本で訳された「和製漢語」を李漢俊らがそのまま転用し、発音のみが中国語読みとなったものである。

ほかにも、主権、幹部、政権、総理、戦線、党員、動員、哲学、体制など和製漢語は数千語に上る。

7文字からなる「中華人民共和国」のうち、実に5文字までもが和製漢語なのだ。中国大陸にあったのは、「中華」の2文字だけだった。つまり、和製漢語なくして、中国共産党はなかったのである。

残念ながら、こうした歴史事実を知っている中国人はごくわずかだ。現在の中国人が日本は古来より、遣隋使や遣唐使などで中国からたくさんのことを学んだと主張する中国人には、和製漢語の重みをかみしめてもらいたいものだ。

日本発といえば、毛沢東が好んで来ていた中山服《ちゅうざんふく》も、日本留学中に学生服や軍服からヒントを得た孫文、あるいは、孫文の軍事顧問だった帝国陸軍の佐々木到一中将がデザインを考案したとする説が有力だ。

孫文は日本での滞在中に中山樵《なかやまきこり》を名乗っており、「孫中山」とも呼ばれていた。中山服はそこからとった名前で、今では人民服と呼ばれているが、習近平国家主席も毛沢東にあやかり威厳を重ねようとしているのか、軍事パレードの観閲式などで好んで人民服を着ているが、日本由来の服装であることを知らないのなら、悪い冗談である。

さて、日本留学経験者だが、毛沢東を含む13人の第1回党大会出席者のうち、実に4人もが日本への留学経験者だったのだ。

今、日本に牙をむいている中国共産党の歴史的出発点に、日本が育てた人物が居並ぶ光景を当時、中国大陸からの留学生たちを受け入れた日本人のだれが想像できただろうか。歴史の皮肉としか言いようがない。第1回党大会は上海のフランス租界で行われたが、孫文や蒋介石らの勢力や軍閥の干渉を排除するには、治外法権だった租界が都合が良かったためだ。

次に、1937年から1945年までの日中戦争期において、中国共産党の敵軍工作部で活躍していた「知日派」を中心に、中国共産党の指導層の「日本観」について、みてみたい。

日本に留学経験のある「知日派」のほとんどは、日中戦争期において共産党の軍隊で日本人捕虜を扱い、敵情研究や日本軍向けプロパガンダに従事していた。

1937年10月6日に共産党総政治部が出した「八路軍総政治部が日本軍向け政治工作を展開する指示」に、こう書かれている。

「各師団の敵軍工作部の工作は腕利きの幹部が主宰し、適切な工作員を配属すべきである。各部はそれぞれ日本語のわかる幹部や兵士を各連隊にそれぞれ2人、旅団に1人、師団に2、3人を配属すべきである。これらの工作員のほとんどは、日本留学から帰国した愛国青年でなければならない。政治上と工作能力の面で積極的に育成し、敵軍工作の優秀幹部にさせ、創造力と自主性を発揮させるべきである」

日中戦争勃発後、多くの在日中国人留学生が帰国し、国民党または共産党の軍隊に入隊した事実はいま述べてきた通りだ。日本の国情と日本人の考え方をよく知り、日本語が堪能である「知日派」の多くは敵軍工作、日本軍向けのプロパガンダ工作および日本人捕虜の教育に従事したのである。せっかく日本で育てた人材が、将棋の「と金」のごとく、敵方の駒となって恩義ある日本に牙を剥いたのである。日本のお人好しも極まれり――である。

敵軍工作に携わった「知日派」の代表人物を見てみたい（出典、早稲田政治公法研究第95号『日中戦争期における中国共産党内の「知日派」と敵軍工作』趙新利著等）。

まずは、王学文（１８９５〜１９８５）。江蘇省徐州の生まれで、八路軍総政治部敵軍工作部長を務めた王学文は、日本留学経験のある１人だった。１９１０年から１９２７年までの間、東京同文書院、第一高等学校予科、金沢第四高等学校、京都帝国大学経済学部及び大学院で学んでいた。

王学文

王学文の回想録によると、１９１１年、「同文書院で２年間勉強したが、ちょうど孫中山先生が指導した辛亥革命が勃発し、中国最後の封建王朝政府が打倒された。わたしはすぐに帰国し、約一年滞在してまた東京に戻った」としたためている。

計16年もの長い間、日本で生活していた王学文は、1937年から延安にある中共中央党校で教鞭を執っている。1940年から中央軍委総政治部敵軍工作部部長となり、対日本軍プロパガンダと日本人捕虜の教育に従事していたのである。

次に、張香山《ちょうこうざん》（1914〜2009年）。日中戦争期において、長期にわたって共産党の敵軍工作に従事していた張香山は、浙江省の出身で、1933年10月から1937年4月まで日本に留学していたことが分かっている。東京高等師範での留学を終え、帰国した張香山は、1937年に八路軍に入隊し、1938年に中国共産党に入党した。

張香山は、八路軍129師団の敵軍工作部副部長などを歴任した。日本で身につけた日本語能力の高さと日本人の心への理解は、その後の敵軍工作に大きく生かされたことだろう。

八路軍の捕虜となった香川孝志氏の回想によると、捕虜となったばかりのとき、張香山に日本語で「安心しなさい。われわれ八路軍は捕虜を殺さない」と言われ、心が落ち着いたと述懐している。

同じく八路軍の捕虜となった前田光繁氏の回想によると、捕虜になったら、10日間ほど張香山と同居生活が続き、その間、張香山は正面から意見をぶつけるのをなるべく避け、1933年から１９３７年まで日本に留学したころの話や、日本での政治活動や中国に強制送還されたことなどを語っていたという。

張香山は２０００年、日本で過ごした美しい青春時代を記録する回想録を出版し、桜、箱根、筑波山、武蔵野など、「東京で過ごした青春時代」の美しい思い出を書き連ねている。

次に、趙安博《ちょうあんぱく》（１９１５〜１９９９）。長期わたって八路軍の敵軍工作に従事していた趙安博は、浙江省生まれで、１９３４年秋に日本に留学し、１９３５年春から１９３７年７月まで旧制第一高等学校に在学し、１９３７年に帰国して八路軍に入隊している。

１９８２年に出版された回想録には、恩師である松本亀次郎に対し、「東亜高等予備校の松本亀次郎先生は、ながく日中文化の交流に尽力してきた学者だった」と敬意を表している。

１９３５年春、趙安博は一高（今の東京大学教養学部）に入学し、ドイツ語を教えてくれた片山敏彦先生のことを回想してこう、述べている。

「当時、中日関係は日一日と悪化の途をたどりつつあったが、先生は中国学生にとても友好的で、民族的差別などいささかもなく、講義の態度もしごく真面目であった」、「しかし、あのころ、日一日と猖獗《しょうけつ》を極め始めた軍国主義には非常な反感を持っていた。その後、日本が中国への侵略戦争をするようになると、先生は一高教授の職を決然となげだされて芸術的抵抗の立場に移った。先生のこうした高尚な人柄には、今、考えてもまったく頭のさがる思いがする」と述べている。

趙安博は日中戦争期において、敵軍工作部と延安日本労農学校で野坂参三の助手として、日本人捕虜教育、日本軍向けのプロパガンダ工作などの分野で活躍していた。

次いで、林植夫（１８９１〜１９６５）。林植夫は福建省の出身で、１９０６年から日本に留学し、孫文が作った「同盟会」に加盟している。１９２０年に、東京帝国大学農学部林学科を卒業している。１９３３年、彼の翻訳した河上肇《はじめ》の『資本主義経済学之歴史的発展』が商務印書館から出版され、１９３８年、新四軍に入隊し、１９４１年まで新四軍政治部敵軍工作部部長をつとめ、日本人捕虜教育や日本軍向けのプロパガンダに従事していた。

タイの華僑で、日本留学経験のある陳子谷は、新四軍の敵軍工作部門で活動してた。１９３９年に中国共産党に入党し、新四軍新六団政治処敵軍工作の責任人者を務めた。

陳子谷の回想によると、日本人捕虜がいなかった１９３９年以前は、新四軍の敵軍工作の日本語スローガンは、林植夫によって作られていた。

１９４１年の内戦で国民党の捕虜となっているが、日本留学時代に蒋介石、宋美齢と面識があり、共産党に入党しなかったこともあって処刑を免れている。

ほかにも、李初梨《しょり》と李亜農兄弟。李初梨（１９００〜１９９４）と李亜農（１９０６〜１９６２）は兄弟であり、ともに旧制一高や三高に留学した経験があり、しかも共産党軍隊で敵軍工作に従事していたことが分かっている。

このように、中国共産党の敵軍工作部などの部署には多くの日本留学経験のある「知日派」が暗躍していた。

共産党指導層においても「知日派」の姿があった。肝心の毛沢東や周恩来の日本観はどうだったのかみてみよう。

周恩来と日本のつながり

周恩来は日本留学経験のある中国共産党の指導者として知られている。１９１７年９月に日本に留学し、１９１９年４月５日に、帰国を前にした周恩来は京都の嵐山を散策し、「雨中嵐山」を書き残している。

日本滞在中、周恩来は日本社会をつぶさに観察していた。１９１８年３月９日、日比谷公園を散策し、公園で活動している日本人の男女の学生が花草を植えて遊ぶ姿を見て感動したという。

周恩来

当日の日記には、こうある。

「中国人が口を開けば『東洋（日本）は襤褸《らんる》（＝ボロ）の邦』というが、よく考えれば、日本はどうして襤褸であろう。おそらく中国人がいささかふがいないのだ」、「日本の国民が中国人を軽蔑するのも不思議ではないし、日本人の知識は実に子どものころから鍛えあげられたものなのだ。中国人は一知半解であり、どうして物事に精通しているといえよう」

国共合作の時期において周恩来は、国民政府軍事委員会政治部副主任に就任し、プロパガンダ工作を担当する「三庁」を通じて対日本軍に対するプロパガンダ活動を行っていた。

中華人民共和国建国後の1950年代における日中交流と中国の対日政策においても、周恩来の日本観の影響があったと考えられる。

毛沢東と日本のつながり

1936年6月から10月にかけて、アメリカ人記者であるエドガー・スノーが毛沢東を取材し、『中国の赤い星』を出版した。

毛沢東

それによると、16歳だった毛沢東が通っていた学校の教師の1人に日本から帰ってきた留学生がおり、「仮洋鬼子（欧米かぶれ）」と呼ばれていた。

毛沢東の回想によると、「生徒の多くは『仮洋鬼子』を好かなかったが、私はかれが日本のことを話すのを聞くのが好きだった」といい、この先生から、日本の歌も教わって、「そのころ私は日本の美を知り、感じ、ロシアにたいする日本の勝利のこの歌のなかに日本の誇りと力の何物かを感じた」

当時の毛沢東が日本に対して敬意を払っていたことが窺《うかが》いしれる。

毛沢東はスノーの『中国の赤い星』の中で陳独秀から受けた影響を次のように述べている。

「私は１９１９年に2度上海に行った。そこで私はふたたび陳独秀にあった。最初は北平で私が国立北京大学（図書館勤務）にいたときにかれにあったのだが、かれはおそらくほかの誰よりも私に大きな影響を与えた」

１９１７年春、孫文ら中国の革命家たちを支援した日本の社会運動家の宮崎滔天《とうてん》が、黄興の追悼式に出席するために長沙に足を運んだ。湖南省立第一師範学校で勉強している毛沢東が宮崎滔天に手紙を出し、その後、宮崎滔天が毛沢東に会い、第一師範大学で演説している。

日中戦争期において、毛沢東は日本を研究する重要性を強調し、共産党の敵情研究を重視する姿勢を見せていた。

１９４3年3月15日に毛沢東から日本の共産主義者、野坂参三宛の手紙に、「私は日本の革命史について詳しくはないが、しかし、非常に知りたいのだ。また、中国の党の幹部たちと党員たちにも、日本革命の史実を教える必要がある。そこであなたに、日本革命の史料を多く書いて、『解放』に発表してくださるよう提案する。ご考慮してくださるようお願いする」と提案している。

★★★★★

共産主義思想の情報源は日本だった

さて、日本で留学経験をもつ多くの者は、日中戦争期において共産党および八路軍・新四軍で活動していた。彼らはなぜ、共産軍に入隊し、日本兵捕虜の教育に実績を挙げたのか。

第一の理由は、日本が共産主義思想の情報源であり、中国共産党の日本での働きかけがあったからといえる。多くの中国青年は日本にきて初めてマルクス主義と出会い、共産党の勧誘を受けて左翼組織または共産党に参加したのだ。

中国共産党が創立される前に中国で出版された『共産党宣言』などのマルクス主義関連の著作のほとんどは、留学生によって中国語に翻訳されていた。

中国共産党の創立の背景にも、陳独秀、李大釗など留日学生の努力があった。

共産党が創立される前には、すでに八つの共産主義小組が結成され、その一つは「東京小組」(グループ)だったほどだ。

1925年ころから、在日中国人留学生の間では『資本論』などマルクス主義の理論を研究する社会科学運動が盛んで、1925年から1927年までの間に、日本の中国共産党小支部にはわずか10人の党員しかいなかったが、その後、支部はビラなどを通じて中国人留学生の入党を勧誘していた。

内務省警保局保安課外事係の極秘資料「中国共産党日本特別支部検挙事件」によると、１９２８年10月下旬に中国共産党日本特別支部が結成されている。当時の資料によると、２１５人の被検挙者の中で、共産党員数は82人に上った。

中国共産党日本特別支部の活動のほとんどは隠密裏に行われ、支部は継続的・積極的に中国人留学生を対象として入党勧誘活動を行っていた。

共産党支部のほかに、中華留日社会科学研究連盟など共産党の周辺組織もあった。特別支部の下には、明治大学支部・東亜予備校支部・成城学校支部など、11の支部があり、党員のほとんどは各大学にいる中国人留学生だった。

前に述べた王学文は、１９２５年に京都大学の学部に在学中に、社会科学研究会に参加している。

当時の社会科学研究会は半非合法の組織で、一部の活動は伏せられていた。大学のマルクス主義経済学者である河上肇の支持を得て活動しており、日本人メンバーの中には、のちに日本共産党に入党した人も多くいた。

王学文は１９２７年に帰国した後も、共産主義活動を行い、１９２７年6月に中国共産党に入党している。

１９３７年の日中戦争の勃発で、中国共産党はさらに国内外の民衆に対して、「抗日参加」を呼びかけていた。１９３７年10月６日に総政治部が出した「八路軍総政治部が日本軍向け政治工作を展開する指示」には、「日本留学から帰国した愛国青年」の活用を呼びかけている。

１９３７年７月７日の盧溝橋事件後、在日中国人留学生の間に「帰国運動」が活発になり、７月７日から２か月弱の間においての帰国者は４０００人を超え、帰国後、国民政府の軍隊に入隊した者もいれば、八路軍・新四軍に入隊した人もいて、それぞれの軍隊で幹部として対日宣伝策や日本兵捕虜の教育に携わっていたのである。

二つ目の理由は、個人の政治理念・信条や顕在化しつつあった日本の中国侵略への怒りを動機とするものである。

多くの中国青年は、渡日する前または日本留学期間中にすでに共産主義者の組織・集会に参加していた。

張香山は日本に行く前の１９３２年にすでに天津で中国左翼作家連盟に参加していた。来日後も左翼文学活動を続け、郭沫若など「中国左翼文学家」たちの集会に積極的に参加していた。回想録によると、「１９３４年の冬から１９３７年の春にかけて、中国の民族危機が深刻になる一方、救国運動も高まった。このような情勢の下で、わたしは、いっそう東京での中国左翼文学活動に励んだ」、「東京にいるとき、わたしは郭沫若と知り合い、いろいろ教えを受けていた」

　張香山は結局、政治活動を行ったという理由で１９３７年に中国に強制送還されている。

　日本留学経験のある「知日派」は、敵軍工作部などの部門で、対日プロパガンダ工作に従事した。前述した王学文、趙安博など代表的な人物はもちろん、延安にある総政治部の敵軍工作部だけではなく、前線にある各師団・旅団・連隊などにも、日本留学経験のある多くの「知日派」が送り込まれていた。

　たとえば、八路軍115師団343旅団政治部の敵軍工作部部長をつとめた李仁は、当時30歳前の青年で、早稲田大学に留学した経験を持っていた。

　１９４１年に八路軍の捕虜となった和田真一氏の回想によると、「そまつな軍服をきたかれらのなかに日本の大学を出たものや、なかに日本の陸士の副官部にいたものがあることを知って驚いた。敵軍工作部に働いている甄科長は早稲田、方さんは法政大学にいたし、ベトナム人の呉さんは明大にいた」。

「知日派」の人々が実施した捕虜教育工作の多くは、日本人捕虜の考えをある程度変え、彼らに一定の影響を与えていたのだ。

★ 日本軍捕虜の優遇と洗脳工作

最後に、中国共産党の対日徹底工作としての日本兵捕虜の八路軍への編入など捕虜日本兵への工作を見てみよう。

将棋の駒と化した日本兵捕虜の話である。将棋は敵の駒を手駒にし、今度は相手を攻めるときに使う。

1937年、第二次上海事変により日中戦争が勃発した後、中国共産党は捕虜を優遇する政策を打ち出し、日本人捕虜の転向を図る。共産党の敵軍工作の重要課題あり、共産党の日本軍向けのプロパガンダ工作の一環でもあった。

蒋介石率いる中国国民政府もそうだが、毛沢東率いる中国共産軍（紅軍）、これは八路軍や新四軍のプロパガンダ工作への取り組みもこのころすでに、始められていたのだ。

柱の一つが、日本軍捕虜の積極的利用である。

中国共産党中央委員会が1940年4月6日に出した「敵軍瓦解工作についての指示」では、日本軍捕虜の戦略的利用を規定し、「敵軍各種の文書の収集は、敵軍工作の重要な準備工作となりうるので、各部隊、各区党委が獲得した敵軍のすべての文書を延安に送り、研究すべきだ」、「日本軍捕虜に対して今までと同様に帰りたい捕虜を帰す同時に、少数の進歩分子を選別し長期的訓練を与えるべきである」、「もっとも進歩的な日本兵捕虜を延安に送り訓練を受けさせ、日本の革命者を育てることをと決定する」と号令をかけている。

日本人捕虜教育の中心は、中国共産党支配地域の中心地、延安にある日本労農学校だった。日本兵捕虜は１９４１年には約１８００人、１９４３年には約２４００人に上り、このうち２０００人余りは日本軍に戻ったとされる。

日本人捕虜人数の増加につれ、日本共産党指導者である野坂参三が提案し、中国共産党中央委員会と中央軍事委員会が協議し、１９４０年10月に延安で捕虜教育学校を創立することを決め、１９４１年に「延安日本労農学校」を開校している。

延安日本労農学校は、八路軍総政治部の指導を受け、校訓は「平和、正義、友愛、労働、実践」で、終戦までに５００人の日本兵捕虜が中国共産党の教育を受けたことが、中国側の研究で分かっている。

延安日本労農学校は、捕虜を優遇し、敵を友に転化させることを狙った教育を施した。洗脳教育である。捕虜を優遇して日本軍の動揺を誘い、最終的には日本軍を内側から瓦解させることを狙ったものだ。

そして、転向したあかつきには、元日本兵捕虜を使って日本軍に向けて、ビラ散布などのプロパガンダを行わせていた。

このあたりの事情は、中国共産党の内情視察に訪れた米軍視察団、とりわけ、現在のＣＩＡ米中央情報局の前身にあたるＯＳＳ（Officeof Stratregic Services）が情報収集にあたっていたことが分かっている。

日本軍捕虜に対する教育手段は、かねてより指摘している「二分法」が使われた。

日本兵は日本の軍国主義者とは別であり、友である――という使い分けだ。

警戒心の残る日本兵捕虜に対し、パンフレットを配布し、「日本軍閥に銃剣の向きを変えよう」「日本工農を解放するため、中国人民を解放するため、助け合って奮闘しよう」など、「二分法」に基づいた記述で洗脳工作を始めていた。

パンフレットは、日本軍の一般兵士が分かる簡単な日本語で書かれ、「八路軍は捕虜を敵として扱わない、捕虜を殺さない」といった内容が書かれている。

捕虜と日本帝国主義者を区分して扱う「二分法」だ。

１９４４年11月21日に日本労農学校を視察したアメリカ軍事視察団（この中には戦後駐日公使を務めたジョン・エマーソンも含まれていた）の記録によると、「労農学校の学生の思想を転換させたのは、八路軍が捕虜を殺さないことと、捕虜を虐待しないこと」「日本が敗戦するかもしれない、新たな政府が現れるかもしれない」ことなどを吹き込んでいたからだ――としている。

このほか、洗脳工作で重要な手段とされたのが、日本兵捕虜の警戒心を解くための娯楽活動である。

「日本兵捕虜は、歌を歌ったり、踊ったりしたほか、自分たちで作ったグローブやバットで野球などをしたり、パーティーをしたりして取り込まれていきました」。

「日本兵捕虜は、基本的にプロパガンダに従事していましたが、八路軍の兵士として、直接に参戦した人もいました」。

当初、八路軍兵士全員が日本語で呼びかけたスローガンは、「日本の兄弟、武器を差し出したら殺さない、優待する」との内容だった。

捕虜となった後、戦後日本に帰国した八路軍参加者の１人は、捕虜になった際、八路軍兵士から、「ゆーたいする、ゆーたいする」と呼び掛けられたと書き残している。

注目したいのは、中国共産党側が、武器を手放すことを恥と感じる日本兵に対して不適切なスローガンだったとその非を認め、呼びかけ方を変える「芸の細かさ」を見せている点だ。

また、「天皇を共に打倒しよう」とか「日本ファシストを共に打倒しよう」といったスローガンはむしろ日本兵を刺激する、という反省にたって取り下げるなど、プロパガンダの方法に関する研究はかなり細かく行われていたことが分かる。

目を見張るのが、戦死した日本兵の墓標を積極的に立てていたことだ。

日本軍に対する恨みで、八路軍戦士は戦場を清掃するとき、日本兵の死体を裸にして死体を銃剣で刺すこともあったというが、これは逆に、八路軍は未開で残虐だという日本軍の宣伝に利用されるとし、日本兵の死体を虐待する行為はまもなく禁止している。

これも、プロパガンダ戦の一環だ。

1938年には、日本兵の墓標を作る指示が出され、戦場をかたづけるときには、できるだけ日本軍兵士の死体を埋葬し、墓標を作り、墓標には、兵士の名前、年齢、出身、所属部隊、死亡状況、埋葬期日などを明記したという。

これは、日本軍が失地挽回のために戦場に戻った時に墓標を見せるためだ。八路軍への厭戦気分を引き起こす内容を書き加えていたのだから、芸が細かい。たとえば、

「この戦士は、重傷を受け、われらの治療を受け、効果がなく死亡した」

「ここを通過する日本兵諸君！　戦死した戦友のご家族に教えてくれ。八路軍は丁重に彼を埋葬した。ご家族が彼の死を知ったときの悲しみは想像に難くない。今日の他人のことが、明日になると諸君の身に降りかかる。家族を泣かせるな。戦争をやめ帰国しよう。それができなければ、八路軍に来なさい！　諸君を兄弟として歓迎する」

などの内容が墓標に書かれていたことが、中国側の研究で分かっている。

★★★★★ いまだに外交カードに利用される贖罪意識

日本人反戦組織で活躍していた前田光繁氏の回想、日本労農学校出身の香川孝志氏との共著『八路軍の日本兵たち』（サイマル出版）などによると、

「私たちが日常接する八路軍幹部の中には、日本への留学経験もあり、日本語の達者なインテリで、親切な人たちであった」と証言している。

また香川氏は、同書でこう語っている。

「日中戦争の中で、八路軍の捕虜になった私は何百人という仲間とともに、日本の侵略戦争反対の立場に立ち、八路軍とともに前線に出てゆき、日本軍兵士に対する様々な宣伝や働きかけを行った」

「日本軍部はわれわれの存在を隠していたが、１９４４年に延安の日本労農学校を視察したアメリカ軍視察団は、何度も学校を訪れ、われわれの活動に大きな関心を払っていた」

さきほど、中国側の研究資料を基に述べた話と符合する。

香川氏は、「日本軍からは、命惜しさに敵のイヌに成り下がったと軽蔑され、宣伝に利用されたが、侵略戦争反対の立場に立って行動することが祖国と同胞を救うことにつながる。それに命

をかけ、死んでいった仲間がたくさんいる。そんな我々がなぜ、臆病者と言われなければならないのだ」とも語っている。

「二分法」など、中国共産党軍のプロパガンダ戦略を今まで述べてきた通り、過酷な戦場で捕虜となり、中国側から計画的・組織的に優遇されれば、考え方も変わるのだろう。

しかし、それがどんな理由であれ、中国共産党軍、すなわち、八路軍や新四軍と命がけで戦っている日本軍将兵からみれば、敵前逃亡した裏切り者であり、軍法会議で死刑になるべき人たちなのである。

実際、香川氏は著書の中で、「抗日戦争からその後の解放戦争（国民党軍との戦いなど）、新中国の建設に直接参加した日本人は数万人に達するが、私の知り得る限りの多くの友人が一様に認めているのは、中国の党と軍の素晴らしさである」と言い切ってしまっている。

中国共産党軍と向き合っていたときの日本兵としての彼の苦労には頭が下がるが、この本が出版されたのが１９８４年だから、戦後40年もたって、まだ、こんな頓珍漢なことを言っている様子を見ると、いかに中国共産党軍の洗脳が巧妙だったのかを逆に窺い知ることができる。

なぜ、頓珍漢かといえば、中国共産党軍は日本軍だけではなく、国民党軍や軍閥との血で血を洗う殺戮を繰り広げ、戦後、抗日戦で活躍した林彪《りんぴょう》（１９０７〜１９７１）が非業の死を遂げるなど、血みどろの権力闘争を行ってきたことなど眼中にないからだ。また、チベットやウイグル、南モンゴルを武力で弾圧し、西沙《せいさ》諸島をめぐりベトナム軍兵士を大量虐殺したりするだけでは飽き足らず、文化大革命などと称して、２０００万人もの無辜《むこ》の自国民を殺戮してきた事実を知らないか、その歴史から目をそらしているからである。

彼のいう反戦の立場に立った仲間は、同胞の日本人に銃口を向けてもいた。

中国共産党軍は、日本兵捕虜に元の部隊に帰還することを認めていた。にもかかわらず、日本軍を見捨て、祖国を見捨てて八路軍に寝返った自分を正当化するのであれば、中国共産党が行ってきた残虐な事実から目を背けるべきではない。

平和を語り、真の日中友好を願うと言いながら、中国共産党軍の残虐非道ぶりを指摘し批判もせずにただ礼賛する姿は滑稽である。

中国共産党によるプロパガンダの餌食となり、戦後、日本への帰国後も洗脳され続けた延安日本労農学校出身者は少なくない。その１人で２０１４年に94歳で亡くなった日本軍パイロットだった筒井重雄氏について、在日中国大使館の参事官が葬儀に来賓として参加して弔辞を読み、名古屋市の駐名古屋中国総領事館が追悼文をホームページに載せ、こう書いている。

「日本の軍隊の内部の事情によく通じ、日本軍兵士の思想や心理、生活習慣をよく知っていた筒井氏は、日本軍兵士の感情、故郷を思う気持ちや厭戦の情に訴えかけ、皇軍必勝という日本軍の神話を揺さぶり、日本軍の戦闘の意思を萎えさせた」

「戦後、筒井氏は中国空軍の一員となり、飛行教官として、120人のパイロットを育てた」などと、褒められている。まともな国なら、極刑モノだ。

また、2015年9月3日には、北京で行われた「抗日戦争勝利70周年」記念行事に八路軍兵士だった95歳の元日本軍の軽機関銃の射撃手だった小林寛澄氏が招かれた。

小林氏は、2005年の「抗日戦争勝利60周年」記念行事にも招待され、先に紹介した前田氏とともに、出席している。

中国共産党にいまなお利用されて続けている一つの事実である。中国共産党は、日中友好の大切さを説いてをいるが、これも共産党特有のプロパガンダである。

実際、いま中国共産党政権が日本や世界に対してやっていることは、尖閣諸島周辺界隈への海警局艦船による威嚇であり、戦狼《せんろう》外交と呼ばれる恫喝《どうかつ》外交にほかならない。

習近平国家主席は2013年6月、アメリカのオバマ大統領との会談では、太平洋を二分して米中両国ですみわけようと提案し、10年後の2023年11月、アメリカのバイデン大統領との会談でも、世界を二分して住み分けようなどと、覇権主義を隠そうともしなかった。

今なお、チベットやウイグルなど周辺諸国を蹂躙《じゅうりん》し、自国民の言論を封じて身体を拘束しているのは中国共産党政権そのものである。

八路軍、中国共産党に寝返った人々にも言い分はあろうかと思うが、筆者は中共のスパイとなった美談仕立ての彼らの話に生理的な嫌悪感が沸き上がるのを否定できない。

出典については逐一詳らかにしなかったが、その多くを『中国の赤い星』（エドガー・スノー著）、『ルーズベルト秘録』上・下（佐々木類の共著）のほか、『八路軍の日本兵たち』、『夕日と少年兵』（土屋龍司著、花伝社）、立命館大学の北村稔名誉教授の「中華民国国民政府とナチス・ドイツの不思議な関係」などのさまざまな論考をはじめ、『中国の対日宣伝と国家イメージ』（中国人研究者の趙新利氏、日本僑報社）や趙氏の博士論文「中国共産党の対日プロパガンダ戦術・戦略」などに多くを依拠した。

中国共産党の巧妙な手口は今見てきた通りだが、現代に生きる「孫子の兵法」、これを逆手にとった対抗策が我が国に一番欠けているのが現状だ。

「戦前の日本軍は悪いことばかりした」「政治家の靖国神社参拝はけしからん」といった歴史認識は、中国共産党にとって、使い勝手の良い政治的な外交カードとして、今なお、国際社会で日本を貶めるプロパガンダの道具にされている。

日本は中国共産党政権に仕掛けられた歴史戦に積極的に反撃し、個人崇拝、神格化を図る習近平国家主席が率いる中国共産党政権がいかに世界の非常識で、嫌われ者なのか、もっと言えば人類の敵としてこの世に存在しているのかを国際社会にだれ憚《はばか》ることなく、世界と中国国内向けに発信していくべきなのである。

第4章

中国のプロパガンダ

三戦と超限戦

中国共産党が得意とする現代の「三戦」、すなわち、2003年に中国人民解放軍の政治工作条例に現れた現代版「孫子の兵法」ともいうべき、「世論戦・心理戦・法律戦」(2003年)とそのベースとなった「超限戦」(1998年)。靖国参拝などの「歴史戦」もこの範疇に入る。

日本はいま、政界、官界、財界、地方自治体にとどまらず、国民意識までもが三戦と超限戦によって中国共産党の思惑に根こそぎ絡めとられている。

「超限戦」とは、簡単に言えば非対称戦を含む「何でもあり」の戦争で歴史は古い。近年では、陸海空、宇宙、サイバー、電磁波というあらゆる空間と領域を使い、最新兵器を使い、国際法無視・人道無視・裏切り・だまし討ちを行うことを意味する。

中国人民解放軍の元空将、喬良は北京大学卒で中国国防大学教授、王湘穂という退役空軍大佐は、北京航空・宇宙航空大学教授で、2人の共著に、『超限戦』という書がある。

1998年に出版されたこの本は、3年後の米中枢同時多発テロ(9月11日)を予言したとして、注目を集めたことで知られている。

では、「三戦」とは何か。中国にとって有利な環境、条件を作り出すことを目的として行われる武力を用いない非対称戦であり、孫子の不戦屈敵の思想に則った戦術といえる。

三戦は、中国共産党の政治経済を統括する党中央委員会で採択された。これが意味するのは単に人民解放軍だけではなく、国家を挙げてあらゆる局面で三戦を遂行する方針を決定したものであるということだ。

後述する「認知戦」は、「三戦」で例えるなら、心理戦をベースにした世論（宣伝）戦といえる。あるいは、「超限戦」にＡＩに脳科学を取り入れた作戦という定義付も可能だろう。

いずれも、敵の心をくじき、戦わずして勝つ。インターネットのＳＮＳを巧みに操り、敵の脳内に〝認知ウイルス〟を送り込み、心理的に屈服させる戦術だ。

認知領域は、イデオロギーや宗教、信仰、民族アイデンティティーなどで構成されるバーチャル（仮想）空間である。戦争を決定付ける領域として、物理的領域や情報領域よりも発展した段階にあるとされている。

さて、戦前の支那（当時の表記）が、日本の宣伝工作を絡めた緒戦で惨敗した反省と、それをバネに巻き返すきっかけをつくった書に『支那の対日宣伝策』がある。

後で詳しく触れるが、この「支那の対日宣伝策」は、現代中国の三戦の原型となっていることは知る人ぞ知る。現代の中国共産党政権による三戦と戦前の蒋介石総統率いる中華民国政府による「対日宣伝策」は、想像以上に密接にかかわっているため、中国の伝統的な対日宣伝策を理解することが、現代における三戦についての理解をより深めることができよう。

ここでは、三戦のうち、世論戦を深掘りしていくが、その前に、心理戦と法律戦を押さえておきたい。

最初に心理戦。これは、世論戦で布石を打ったうえで展開する。

敵の将兵やそれを支援する国民への抑止、士気低下などを目的とし、敵が戦闘作戦を遂行する能力の低下を狙った作戦である。

敵が抵抗しようとする意志を挫《くじ》くのを目的とするものだ。テレビ、インターネット、印刷物の散布により、敵の思考、態度等を変化させる宣伝や、軍事演習、有利な戦略態勢、先進兵器の誇示により、敵の認識、意志に影響を及ぼす威嚇、さらには、真実を偽装して敵の決定と行動を誤らせる欺瞞、指導者と国民、指揮官と部下の間に猜疑心が生じるように仕向け、自分の国の軍隊内の分断、士気低下の予防、督励、カウンセリング、治療により、自軍に対する敵の心理戦活動を抑制、排除する心理的な防御策がある。

心理戦はこのように、情報を扱う者、決断する者に影響を及ぼすため、下は個々の兵士から上は意思決定者まで、軍人および民間人を対象に実施される。

その最たる手段の一つに挙げられるのが、米国や日本などの同盟や友邦国への心理戦だ。

具体的には、台湾有事で中国人民解放軍と戦っても、米国の勝利は期待できず、米国に加担しない方が得策であることを信じ込ませるため、軍の能力が強大であると宣伝する手法だ。軍事パレードなどで、対艦弾道ミサイル「東風21Ｄ」の能力に関する情報開示などがこれに当たる。

次に、法律戦。国際法や国内法を駆使して国際的な支持を獲得するとともに、中国の軍事行動に対して予想される国際世論の反発に対処することを狙った作戦だ。

自軍の武力行使、作戦行動の合法性を確保し、敵の違法性を暴き、第三国の干渉を阻止することで自軍を主動、敵を受動の立場に置くことを目的としている。

例えば、国連海洋法条約が定めている排他的経済水域（ＥＥＺ）は、他国による軍事活動について、特に規制していないが、中国はその独自の解釈を行い、ＥＥＺをあたかも自国の領海であるかのように、他国に対して軍事活動を含むあらゆる経済活動を規制している。

２００９年3月の事案が典型例で、米海軍の調査船に対し、中国海軍、中国政府関連船舶および中国漁船が進路妨害事件を起こしている。

さらに中国は、米国が国連海洋法条約を未締結であり、この問題に関与できないことを利用し、米国の西太平洋からの締め出し、米国による海洋問題への介入の法律的な問題や正当性に関し、事あるごとに疑義の提起を狙っている。

また、法律戦は、何が法的に正しいかだけではなく、法的手段を駆使して軍事作戦を支援することにも主眼が置かれ、米軍による作戦遂行の遅れや軍の円滑な運営を阻む指揮官の更迭などを企図しているものとみられる。

さて、三戦の概要をみてきたが、ここでは「三戦」のうち、特に重要と思われる世論戦について、深掘りしていきたい。

「戦わずして勝つ」世論戦

世論戦は、政治宣伝工作（プロパガンダ）を最大の武器とし、中国の軍事行動に対する大衆と国際社会の支持を目的としている。敵が中国の利益に反するとみられる政策を追求することがないよう、国内や国際世論に影響を及ぼすことを狙った作戦である。

その手段として利用されるのが、新聞、書籍、ラジオ、テレビ、インターネット、電子メールなどのメディアと情報資源で、これらが総合的に運用される。

敵の指導層の決断に影響を与えるとともに、有利な情報を流す一方で、自軍にとって不利な情報は制限する情報管理を目的としている。

現代の中国共産党政権は、日本に対し、首相の靖国神社参拝などの歴史認識に関する問題や尖閣諸島の領有権主張などで、三戦を実行している。

中でも中国は、米国、および日本などの同盟国や友邦国に対し、中国からの報復の恐怖を植え付ける目的で、あらゆるマスメディアを通して世論戦に力を入れている。

これは攻撃と防御の双方で用いられ、攻撃面では、①核および通常兵器の両方に関する中国人民解放軍の近代化、②経済力、③核心的利益に対する侵害への警告――などが主題となる。

防御面では、中国の過去百年に及ぶ屈辱の歴史が主題に選ばれる。

さて、支那の政治宣伝工作である。支那自身の苦い経験と反省から生み出されたもので、「孫子の兵法」が説く、「不戦屈敵」、すなわち、「戦わずして勝つ」という考え方の原点に立つ。

苦い経験……。それは、１９３７年に始まった第二次上海事変で、蔣介石の率いる中華民国軍が日本帝国陸軍に敗北した戦いを指す。

１９１１年の孫文による辛亥革命から第二次上海事変のころまで、圧倒的な日本軍による宣伝戦に、なすすべもなかった国民政府の蔣介石総統が選んだのが、「孫子の兵法」の中で称揚される戦略としての「宣伝戦」だった。

自分の国の立場を外交的にも軍事的にも有利に導くためのプロパガンダである。なぜ、自分たちが敗北に追いやられたのか、軍事面や物資面だけではなく、情報戦、特に政治宣伝工作の視点から分析し、事後の対策を立てたものだ。

国際社会の対中世論、とりわけ、アメリカ世論を支那有利に操作することで、「日本は人道に対する敵であり、支那は被害者である」という構図を作ることに成功する。

その原典となったのが、プロパガンダ教則本「支那の対日宣伝策」だ。執筆者は趙占元。清朝末期の馬賊、張作霖の岳父、義理の父に当たる。

1937年（昭和12年）、中国国民党系で、蔣介石直属の国民政府の情報・工作機関「藍衣社《らんいしゃ》」の機関誌『汗血月刊』に掲載された「国防と新聞事業の統制」を東亜経済調査局が要訳したものだ。

藍衣社は1931年（昭和6年）、蔣介石の独裁維持を目的に、諜報や謀略などの秘密工作活動を行う秘密結社として設立された。正式名称は中華民族復興社。イタリアの黒シャツ隊に倣って藍《あい》色の制服を着用していたことから藍衣社と呼ばれていた。

東亜経済調査局は、初代東京市長、初代満鉄総裁で政治家、思想家、医師だった後藤新平の構想に基づき、満鉄調査部、歴史研究の満州朝鮮歴史地理調査部に対し、世界経済の情報収集と分析を担当する機関として、1908年、満鉄の調査機関として東京本社に設立された。

東亜経済調査局には、戦後、GHQによって民間人で唯一、A級戦犯として起訴された思想家、国家主義者の大川周明も在籍していた。

この本を読めば、当時の支那、そして現代の中国が世界各国、特に日本に仕掛ける宣伝工作の本質が見えて来る。

中国が仕掛ける宣伝工作の本質――。それは、日本軍の非人道的思想や日本軍に対する心理的嫌悪感を煽り、中国国民の敵国日本に対する憎悪の念を増幅させることで敵愾心《てきがいしん》を燃え上がらせることを狙い、その中でも最も有効な方法として、女性や子供に対して屈辱を与えることを狙う悪辣なものだ。

前線にいる日本兵に対しては、日本本土に残された家族が大変な目に遭っていると偽情報を伝え、望郷の念を募らせ、戦意を喪失させることを狙うものだ。

中国共産党政権は現在、日本の地方自治体に巨大経済圏構想「一帯一路」を隠し、経済連携協定の締結を働きかけるなど、ステルス戦略で地方自治体が持つ博多港や大阪港などの重要港湾の事実上の支配を目指しているが、これはまさに、戦前、蔣介石の中華民国政府が警戒していた日本帝国のやり方を真似したものだ。

中華民国政府は、民族意識の喚起として、敵国日本に対する憎悪の念を惹起し、日本に勝てるという意識を人民に植え付け、人民の抗戦精神を興奮させることが大切だと説いていた。

敵国に対する憎悪の念については、日本軍の高慢な態度や卑劣な行為、非人道的な思想を具体的に暴露していくこととし、日本に勝てるという意識については、英国やドイツが国民を鼓舞したやり方を踏襲せよ、としている。

人民の抗戦精神を興奮させることについては、「とにかく、敵の（日本軍の）残虐な行為を暴露し、出来る限り新聞を利用して人民の怒りを惹起すべき」としている。

とりわけ、婦人や児童、老人、尼僧などに対する日本軍の暴行を暴くほか、女性に対する暴行（レイプ）、捕虜の虐待、非戦闘員に対する侮辱、さらには毒物を飲料水に投入したとか、家畜を殺した、食料を強奪したといったことを新聞で暴露し、その残虐ぶりを日本兵捕虜に語らせることが、人民の怒りを惹起するにはうってつけだとしている。

この際、中立国の目撃者、すなわち、欧米諸国の新聞特派員にその模様を新聞で語らせることが、大きな効果を生む——と指摘している。

興味深いのは、ただ、憎悪を煽るばかりではなく、注意喚起している点だ。本書では、第一次世界大戦時のドイツ皇帝に対する「世界の悪魔」だとか「欧州の狂犬」などのような罵詈雑言のように、ドイツの首脳を腐《くさ》すことは、外交問題を起こしやすく、外交交渉の決裂にもつながりかねないため、そうした悪口の新聞掲載は慎むべきであると戒めている。

逆に、支那の指導者に対する敵国日本による侮辱、例えば日本の新聞が蒋介石総統が実は日本人の末裔であるとかの根拠のない誹謗中傷はどんどん新聞に掲載すれば、支那人民の敵愾心を激発させる効果がある——としている。同時に、日本は新聞宣伝を悪用して人民の分断を狙っていることを支那の新聞で人民に知らしめることが重要であるとしている。

国内宣伝とともに対外向けの国際宣伝も重要

具体的には、支那の新聞が留意すべき点は、以下のことであるとしている。

支那の抗戦は排外主義に基づくものではなく、支那の経済建設は各国の経済危機を解決すること、日本は武力による侵略者であり、日本の侵略は世界大戦を誘発しかねないこと、支那の統一は世界の共産主義化を防止すること、支那は平和を望む各国と提携する――などだ。

この際、友好国を自陣営に巻き込むため、「日本との戦争が不可避となった場合、新聞は全力を挙げて、なぜ自分たち（支那）が日本と戦争しなければならないかという疑問に答えるとともに、それが友好国の戦争目的と合致することを説明しなければならない」としている。

同書は、「日本もまた、日本国内や支那の新聞を利用して支那人の日本に対する敵愾心を和らげる効果を狙っていた。侵略行為を相殺するものではないが、一部の支那人は日本側の狙いに騙されて、敵対的だった意識を和らげる方向に変えられた」と注意喚起している。

中立国に対しては、支那と日本の勝敗を決定し得る結果となることから、これまた友好国や敵対する日本向けの宣伝戦と同様に重要である、と述べている。

同時に、支那の敵は、中立国の敵でもあるという理由を極力示し、共同で日本に抗戦させるよう仕向けることが重要であるとしている。

具体的には、上海事変の際、欧米の飛行家が支那軍を援助して抗戦し、米国人パイロットは戦死した。こうした事実を大いに新聞で宣伝すれば、中立国の同情をひくことが可能であるとしている。

とりわけ、中立国と敵国との過去のいざこざを蒸し返す方策も有効とする。例えば、第一次世界大戦の際、ドイツはアメリカの支援が得られなくとも、英国と米国の間に楔《くさび》を打ち込むことはできると計算し、「首都ワシントンを焼き払ったのは英国ではなかったか？　インディアンを扇動して米国人を苦しめたのは英国人ではなかったか？」などと報じていたケースを挙げている。

また、日本の財界に働きかける効果も期待できるとしている。「新聞を利用し、日本が支那を武力攻撃することは日本国民の支那における商業利益を破壊するものであると宣伝し、日本のビジネスマンの反発を惹起させるのだ」としている。

面白いのは、いまみてきた中華民国政府の蒋介石総統主導による「支那の対日宣伝策」に対する日本帝国海軍省の寸評だ。

支那による宣伝戦の分析について、「平時にあっては一部日本商人の行動には、支那人心理をもって推し量れば、かくのごとき考えを起こしやすいものがあるかもしれない。しかし、いったん、緩急あるに至れば、日本人は商人といえども、私利に執着する限界が支那人よりははるかに低く、到底比較にならないのである。ほとんどすべての外国人は、日本人のこの重大な特性を正確に認識出来ないのである」と語っている。

残念なのは、現在の日本である。どれだけチャイナ・リスクが語られ、経済安全保障分野における日本企業の脇の甘さが指摘されてきたのか。にもかかわらず、台湾有事が日本有事であり、その際には中国駐在の日本企業の駐在員やその家族が人質となり、日本外交の手足を縛る恐れがあると言われても、撤退、縮小を考える企業が依然、少ないことだ。

中国で商売している日本企業こそ、台湾有事（戦争）などの際に、中国の代弁者として日本政府に対し、一方的な日本の譲歩を意味する「対話」を求め、日本外交の足を引っ張る。

すなわち、中国共産党による敵対国への宣伝工作にまんまと乗ってしまうことになるであろうことは、訪中視察団という名の朝貢使節の派遣を止めない経団連などの動きをみていれば想像に難くない。

インフルエンサー、宋美齢の宣伝工作

さて、時代は戦前に遡る。インフルエンサーを使った対外工作がいかに効果があるのかを知るためだ。蒋介石の妻、宋美齢《そうびれい》を使った中国国民党による対米工作がそれだ。

１９１１年の辛亥革命で中心的役割を果たした孫文に続いて国民党で実権を握った蒋介石の妻となったのが、宋美齢だ。１８９８年３月生まれの宋美齢は、１８９４年生まれで、すぐ上の兄である宋子文とともに、後にアメリカ人パイロットが中国人に成りすまして日本軍と戦闘機で戦ったアメリカ合衆国義勇軍「フライング・タイガース」の産みの親とされ、中華民国空軍の母とも呼ばれていた。

中国客家（独自の文化と伝統を持つ漢民族の一部を指す）の出身で、孫文の支援者だったメソジスト教会系宣教師のチャーリー宋氏の三女である。長姉に宋靄齢《そうあいれい》、孫文の妻となる次姉の宋《そう》慶齢《けいれい》がいる。１人は金を愛し、１人は権力を愛し、１人は中国を愛した――と言われていた三姉妹。

金を愛したのは長女の宋靄齢、中国を愛したのは次女の宋慶齢であるが、権力を愛した宋美齢は、当時最も権力を握った女性の１人であり、蒋介石を背後で操る影の中華民国元首とされていた。

中国国民政府への影響力の強さや、兄の宋子文同様、アメリカに留学して英語力が堪能なことから、宋氏の三姉妹の一人として国内外に知られるようになっていた。

宋美齢は１９０８年、わずか９歳のときに次姉の慶齢とともに日本経由でアメリカに留学し、１９１７年には米東部マサチューセッツ州ボストン郊外にあるウェルズリー大学を卒業し、10年後に蒋介石と結婚する。結婚はニューヨーク・タイムズが一面で報じるほど、世界の注目を集めるものだった。インフルエンサーとしてのデビューである。

蒋介石と結婚した宋美齢は、国民党中央委員会委員や国民党航空委員会秘書長というトップを歴任したほか、１９４３年11月のカイロ会談にも通訳として同席した。

カイロ会談は、日本に満洲、台湾などの中国への返還、朝鮮の独立を求めるなど、戦後処理について、ルーズベルト米大統領、チャーチル英首相、そして、中国国民政府主席だった蒋介石の三者が、エジプトのカイロで話し合った会談だ。

宋美齢はこの際、通訳としての矩《のり》を踰《こ》え、蒋介石の知らぬところで、ルーズベルトとチャーチルに徹底した日本包囲網の強化と過酷な弾圧の必要性を説いていた。日米英が戦争に突入する以前から、宋美齢は敵対していた張学良軍や中共軍との統一戦線、「国共合作」による抗日戦を訴えるなど、夫の蒋介石の政治決定に強く影響を与え続けていた。

とりわけ、１９３７年に日本との間に勃発した日中戦争では、当時中国や満洲国で日本との利益対立を深めていた米国からの軍事援助の獲得を目指し、国民党航空委員会秘書長の肩書や蒋介石の通訳として、米国の駐中華民国大使館付の陸軍武官のジョセフ・スティルウェルや米陸軍航空隊のクレア・リー・シェンノート大佐との交渉に同席し、米国からの軍事援助を引き出すとともに、フライング・タイガースの設立や中華民国空軍の近代化に大きく貢献した。

蒋介石と宋美齢

兄、宋子文とともに、英語を流暢に操る宋美齢のロビー活動が奏功したのだろう。雑誌『タイム』や『ライフ』の発行者であるヘンリー・ルースは、日中戦争の間を通じて抗日キャンペーンとともに、対中支援のキャンペーンを大々的に行い、『タイム』では1931年に蒋介石と映った2人の写真で表紙を飾ったほか、1937年度「パーソン・オブ・ザ・イヤー」に日中戦争を戦う蒋介石を選んだ。

宋美齢はまさに、米国をはじめとする連合国における抗日戦のシンボル的存在だった。そんな宋美齢の真骨頂は、1943年に行った米連邦議会における演説であろう。宋美齢は親中派のフランクリン・ルーズベルト大統領やその妻エレノアと親密な関係を構築し、日中戦争後の米国の対日政策に大きな影響を与えていた。

上海事変までの間、日本の宣伝工作に煮え湯を飲まされてきた中国国民政府による、インフルエンサー宋美齢を使った国民政府トップによる宣伝工作の巻き返しだった。

大東亜戦争中の1942年11月から43年5月には、ルーズベルト大統領直々の招聘《しょうへい》で米国を訪問し、米政府の全面的なバックアップを受けて米国全土を巡回し、自ら英語で演説するなど、抗日戦への援助を訴え続けた。

そして１９４３年2月18日、宝石をちりばめた中華民国空軍のバッジを着けたチャイナドレス姿で、米連邦議会に現れた宋美齢は、抗日戦へのさらなる協力を求める演説を下院と上院でそれぞれ行い、並み入る連邦議員のみならず全米から称賛を浴びその支持を増やすことに成功した。

安倍晋三元首相も２０１５年4月29日、「希望の同盟へ」と題して米連邦議会で魂の演説を行ったことは記憶に新しい。岸田文雄前首相も２０２４年4月11日に同じ場所で演説を行っている。宋美齢に遅れること約80年。ようやく日本も米連邦議会に同盟国としてその名を刻むことと相成った。

さて、同盟国トップの議会演説の先駆けとなった宋美齢の演説内容をみてみよう。日本政府と日本軍によるプロパガンダ攻勢に対する反省から生まれた、中国国民政府による「対日宣伝策」が最高潮に達した瞬間だ。英語で「マダム・チャン」「スピーチ」と入れれば、動画を見ることができる。

〈演説を抜粋する〉

米国下院議長および議員各位！　私にとって、いつでも議会、特に世界の運命を形作る上で多くの役割を担うこの八月議会で演説できることは光栄です。議会で話すということは、文字通りアメリカ国民に向かって話すことなのです。侵略者に対して宣戦布告することでその信託の義務と責任を果たしました。現在、みなさんが直面している任務は、戦争の勝利を支援し、侵略の犠牲者の犠牲と苦しみに報いる恒久的な平和を築き、維持することです。

第一に、アメリカ国民には世界の多くの地域で戦う兵士たちを誇りに思う権利があると断言したいと思います（略）。あなたたちの軍隊の一部は、通常の通信がまったく届かない孤立した場所に駐留しています。中には、敵の潜水艦を求めて即席の飛行場から何百時間も海上を飛行しなければならなかった者もいます。

あなたたちの兵士たちは、故郷を恋しく思う気持ちを耐え忍び、熱帯の照りつけるような乾燥と灼熱に耐え、健康を維持し、最高の戦闘態勢を保つことができるということを、明確に示してくれました。彼らはこの戦争の縁の下の力持ちの1人であり、彼らの退屈を軽減し、士気を高めるために可能な限りのすべてのことを行う必要があります。その神聖な義務はあなたたちにあります（略）。

アメリカは民主主義という同じ理想の下、共通の原則への献身が人種の違いを排除し、理想の一致が人種の相違を解決する最も強力な解決策であるという私の信念を強め、確信を深めました。

アメリカ国民の代表として、皆さんには、先祖たちの開拓事業を引き継ぐ輝かしい機会が与えられています（略）。この目的を達成するために、私たち連合国は今、決定的かつ迅速に勝利が得られるよう戦争を遂行しなければなりません。

有名な中国の戦略家、孫子はこう言いました。「勝つためには、自分自身を知り、自分の敵を知れ」と。また、「他人の苦労を眺めるのはたやすい」という格言もあります。

１９３７年に日本が中国に全面戦争を仕掛けたとき、各国の軍事専門家は中国に勝ち目はないと考えました。しかし、日本が中国を屈服させることができなかったとき、世界は「日本の軍事力を過大評価していた」と、この現象に安堵しました。

しかし、真珠湾、マレー、シナ海周辺の土地に対する卑劣な攻撃の後、貪欲な戦争の炎が容赦なく太平洋に広がり、これらの場所が次々と陥落したとき、振り子は反対側の極端に振れました。日本がこれらの資源を議論の余地なく所有し続ける時間が長ければ長いほど、日本はより強くなることを忘れてはなりません。日を追うごとに、米国人も中国人も命にかかわる犠牲は増大しています。日本人は妥協を許さない民族であることを忘れてはいけません。

最初の４年半、中国は日本による残虐な総攻撃を、孤立無援で耐えてきたことを忘れてはなりません！

ミッドウェーと珊瑚海でアメリカ海軍が獲得した勝利は、間違いなく正しい方向への一歩でありますが、正しい方向への一歩に過ぎません。

過去6か月間にガダルカナル島で繰り広げられた壮絶な戦いは、次の事実を証明しています。悪の勢力の敗北は、長く困難なものではありますが、ついには実現することを。なぜなら、私たちは正義と公正の側にいて、イギリスやロシア、その他の勇敢で不屈の精神を持つ強力な同盟国がいるではないですか。

一方で、日本軍の脅威は依然として残っています。文明に対する脅威を取り除くために、日本軍の戦闘能力を壊滅させなければなりません！　米議会は、日本、ドイツ、イタリアに対して宣戦布告し、議会としての任務を果たしました。

今、アメリカ国民の代表者である皆さんには、戦争に勝利し、すべての民族が今後、調和と平和のうちに暮らせる世界を築くための指針を示すことが求められています。

中国と米国という二つの偉大な民族の間の160年にわたる伝統的な友情は、一度も誤解によって損なわれることはなく、世界の歴史の中でも比類のないものです。

わが国の指導者、故・孫文先生から学んだ教えは、わが国の人々に継続する不屈の精神を与えてくれました。5年半の経験から、中国に住む私たちは、失敗を不名誉に受け入れるのではなく、栄光を賭けてリスクを冒す方が賢明であると確信しています。私たちは、平和が訪れるそのとき、アメリカと他の勇敢な同盟国が、便宜上の理由という幻惑に惑わされることはないと信じます。

みなさん、私たちは理想を持ち、それを宣言するだけでなく、それを実現するために行動することが必要だと感じています。そこで、上院の紳士の皆様、そして傍聴席の紳士淑女の皆様、私たち全員の積極的な支援がなければ、私たちの指導者たちはこれらの理想を実現することはできないと言いたいのです。ありがとうございます。

〈演説終わり〉

米国人の心に刺さる民主主義、理想、正義感、公平といったキーワードを散りばめているところが、なかなかにくい演出である。日本の受けたダメージは計り知れない。

宋美齢や宋子文だけではない。後で紹介する毛沢東率いる八路軍のプロパガンダの手先となった米国人記者のアグネス・スメドレーや、エドガー・スノーは有名だ。中国国民党軍に同行して国際宣伝部門の顧問となったオーストラリア人記者のハロルド・J・ティンパーリも国民政府の手足となって反日世論の醸成に加担していた。

真偽をめぐって論争の絶えない南京事件も国民党軍の宣伝顧問だったティンパーリが日本軍による一般市民を巻き込んだ大虐殺が行われたと主張する宣伝工作を行い、自らも『What war Means（戦争とは何か）』を出版している。

もう一つ、国民政府の対外宣伝策で軍事的に重要な役割を果たしたのが、ドイツとの蜜月関係だ。日本軍は、国民党軍の顧問団だったドイツ軍将校が指揮し、ドイツ製の優秀な武器を使用した国民党軍と戦っていた。

1932年に勃発した第一次上海事変では、ドイツ軍事顧問団が指導した国民党軍の第87、88師団が参戦し、ドイツ軍将校が戦争の指揮をとっていた。翌1933年にヒトラーが出てきてナチス政権になっても巨額の資金援助と武器輸出は続いた。複雑に絡み合う国際情勢が大きな理由なのだが、ドイツ国内には、第一次世界大戦で中国のドイツ租界、青島を日本に割譲されるなど、日本に対する怨念と復讐心があったものと思われる。

そもそも、中国とドイツとの関係は現在もそうだが、日独伊三国軍事同盟が締結されて一時的に冷え込むが、蜜月時代の方が長かった事実は意外と知られていない。

英国とのアヘン戦争や、英仏連合軍とのアロー戦争など、帝国主義的な植民地政策を強引に進めた英仏両国より、中国側には伝統的に敵対関係のなかったドイツとの関係強化に傾くきらいが背景にあったのだ。

1894年から95年の日清戦争で中国側、清国側の主力艦となった定遠、鎮遠はドイツのフルカンという造船会社が建造したものだったのも一つの例だ。

第一次世界大戦に負けて軍需産業を潰されかけたドイツだが、ベルサイユ条約の抜け穴をついて、中国国民党軍に兵器を輸出し、その見返りに戦車などの装甲に使用する硬度の高いタングステンなどの資源を輸入して外貨を稼ぎ、軍事力を強化していたのである。

軍事顧問として有名なのは、ヴェッツェル中将やドイツ陸軍参謀総長を務めたハンス・フォン・ゼークト将軍、アレクサンダー・フォン・ファルケンハウゼン将軍らだ。日本にとってとりわけ見過ごせないのは、ファンケルハウゼンの果たした役割である。漢口や上海の租界地の日本軍への奇襲を蒋介石に進言するなど、対日戦争を煽っていたからだ。

ゼークト将軍は、「日本だけを敵とし、他の国とは親善政策をとるべし」、「いま、中国国民党軍がやるべきは、中国兵に対し、日本への敵愾心を煽ることだ」と、けしかけたいたことが分かっている。

これを受け、蒋介石は秘密警察組織である「藍衣社」を使って対日敵視政策を進め、プロパガンダ工作を強化していった。

こうした事実が、戦後、台湾側からもなかなか表に出てこなかったのは、長い間、台湾を統治していた中国国民党側の「後ろめたい過去」だったからであろう。

抗日戦争を戦って日本のファシズムを打倒したことになっている中国国民政府だが、ナチス・ドイツとの同盟関係が取りざたされては困るからと思われる。

日本のファシズム勢力と戦ったという蒋介石の国民政府が、戦車の分厚い装甲を作る材料となるタングステンなどの資源をドイツに輸出し、ナチス・ドイツの軍需産業発展に大きく貢献したこと、これがナチス・ドイツの欧州侵略の原動力となったこと、ファシスト政権を生んだドイツと事実上の軍事同盟を結んで日本軍と戦った事実は、彼らにとって説明のつかない歴史の皮肉でもあったからなのだ。

日本と台湾の現在の親密な関係から、日本側でも現在、「中独同盟」の実態を語ろうという人は今でもほとんどいないのだが、歴史の事実として押さえておくことは大事なことであろう。

中国大陸との関係に腐心するドイツは今でも中国共産党政権を主要な貿易相手国として、海警局の艦船の巨大エンジンを開発・輸出するなど、日本の国益に反する経済活動を堂々とやっている。日本と同じ先進民主国家の集まりであるG7の枠組みにいながら、経済活動を隠れ蓑に日本に敵対的な行為を止めないドイツの本性を知っておくことは大切だ。

さて、ソ連への対抗上、日本との関係強化の必要性に迫られたヒトラー率いるナチス・ドイツは、国民政府への巨額の資金提供と武器輸出を続けながらも、1938年2月、満洲国の承認と軍事顧問団の引き上げを決める。1939年8月に独ソ不可侵条約が締結された際、平沼騏一郎内閣が、「欧州情勢は複雑怪奇」などという、子供じみた発言を残して総辞職した。

これは、日本側に主体的な戦略思想がなかったからで、日本人が生き馬の目を抜くような国際政治の駆け引きにまったく不慣れだったことを示すエピソードだ。

それは軍事力を背景に外交を展開できない今の日本もまったく変わっておらず、百年単位の長期的な国家戦略とその実現の手段となる外交も、ナイーブな点では平沼内閣当時とまったく変わっていない。

第5章

中国の認知戦に騙される日本の「ネット保守」

★

偽のショート動画

日本はいま、静かなる日本侵略を中国人民解放軍から仕掛けられている。

日本国内の分断を引き起こす目的で、日本人ネットユーザーをターゲットに、「コンテンツファーム」（プロパガンダ＝政治宣伝のために低品質のコンテンツを量産するウェブサイトや関連物）と呼ばれる〝認知ウイルス〟を使った洗脳工作を展開しているのだ。

「認知戦（Cognitive Warfare）」である。認知戦は、相手をマインドコントロールすることを目的とした戦術で、その歴史は古い。

だが近年、ＡＩ（人工知能）の発達で、偽情報や宣伝動画のレベルは各段に上がっており、瞬時には真偽の見分けがつきにくく巧妙化しているのが特徴だ。台湾併呑を目論む中国人民解放軍は武力行使の前段階として、台湾や米国、日本などに向けて偽情報を発信し、世論の分断や動揺を誘う戦術に腐心している。

大東亜戦争終戦の日が近づく２０２４年８月、ＳＮＳのフェイスブック（ＦＢ）に反戦ムードを煽るショート動画が断続的に掲載された。ＢＧＭは、手嶌《てしま》葵《あおい》が歌う「明日への手紙」で、いかにもお涙頂戴風のつくりになっている。素晴らしい曲だけに、陳腐な動画に使用されて不快感を覚えるほどだ。

タイトル　感動　神風特攻隊の名言「妻を頼みます」　享年28際（原文ママ）　46秒

「お母さん、お元気ですか。この28年間は夢のようでした。お母さんの苦労と辛抱をいつも心に留めています。だから、今日この日を勇んで向かいます。静子の事は、大変お世話になりました。今日までこられたのも全て、お父さんとお母さんのお陰です。心から感謝しています。静子のことは、これからもお母さんにお願いします。正式な式を挙げられなかったこと、二人で一度、故郷に帰りたかったこと、それが叶わなかったのが、残念です。突然、一人ぼっちになる静子が心配です。静子のことは、どうかお母さん、よろしくお願いします。最後に、いつまでもお元気で、静子を頼みました」

「いいね」を連発する日本人

突っ込みどころ満載である。遺言が不自然であると思った方々は少なくなかろう。

にもかかわらず、「いいね」を押した人が８５３人、拡散を意味する「シェア」した人が50人に上る。動画は、＃泣ける話＃名言＃雑学――というハッシュタグを付けることで、同じトピックに関心のあるユーザーに投稿を見てもらおうと拡散を図っている。

製作者の意図は一見すると、特攻隊員や出征兵の苦悩を描くことで見る者の涙を誘い、「平和の尊さを共にかみしめてほしい」というメッセージであるかのように映る。

だが、動画に隠された本当の狙いや思惑は別のところにある。現代の日本人に対し、戦前の軍国主義への反省を促しながら、台湾有事を念頭に反戦や厭戦《えんせん》意識を刷り込み、中国人民解放軍による台湾併呑への抵抗意識を醸成するよう世論を誘導することにあるのだ。

そう疑念を深めざるを得ないのは、動画に出てくる特攻隊員や出征兵の軍服や葬式の祭壇、靖国神社の絵柄が本物とは似ても似つかぬまがい物で、およそ日本人が作成したとは思えない代物だからだ。

あまりに怪しいため、フェイスブックの機能を使って発信元を調べると案の定、香港だった。中国人が抱いている日本のイメージに沿ったデータをコンピューターに打ち込み、ＡＩに作成させたものだ。

中国ではYou TubeやフェイスブックなどのＳＮＳが使えないため、解放軍は使用可能な香港から発信しているとみられる。中国共産党政権にとって〝不都合な〟情報の流入を阻止するための措置だが、香港で使用可能としているのは、西側向けのプロパガンダの手段を残しておく必要性があるとの判断からだろう。

動画では、特攻隊員の死に別れた花嫁が芸者風だったり、零式戦闘機の塗装が米国風にナンバリングされている。挿絵がまがい物であることは明らかなのだが、それでも「いいね」をする日本人が多いことを思うと笑うに笑えない。製作者側の〝黒い意図〟に気づかず騙される日本人が多いからだ。

中国人民解放軍の認知戦（洗脳工作）であるにもかかわらず、純真無垢な乙女のように「いいね」を押し、高評価のコメント付で拡散しているから困ったものだ。

フェイスブックの場合、筆者の「友人」や「共通の友人」といった人々が「いいね」を連発したり、シェアという形で拡散したりしている。こういう「友人」たちは、日ごろ政治家の靖国神社参拝を支持したり、夫婦別姓に反対するなど、保守的な考えを発信している。

だからこそ問題の根は深いのだ。保守的で、どちらかというと中国共産党が嫌いで反中姿勢をみせる人々をターゲットにした、製作者側の意図にまんまと乗せられ洗脳されているからだ。

突っ込みどころ満載

さて、この動画を投稿した「暇つぶし」（フォロワー数1万1千人）というコミュニティーの管理者情報を調べると、発信元は共同管理で香港が7人となっている。フォロワーとは、特定のユーザーのアカウントをフォローしているユーザーを指す。フォローすると、そのアカウントの投稿がタイムラインやフィードに表示される。

香港はひと昔前の自由な香港ではない。中国本土と違ってフェイスブックなどのＳＮＳを使用できるとはいえ、英国との国際条約である一国二制度を踏みにじられ、中国に併呑された香港である。

中国人民解放軍による「黒い意図」を察した筆者は、警戒を促す目的で、発信元が香港であることを示す写メを貼り付け、以下の文章を投稿した。

「みなさん、騙されないでください。中国人から見た日本のイメージ映像と思われます。これは特攻隊員という日本人の琴線に触れる話を悪用し、日本人に反戦・無抵抗意識を植え込む中国人民解放軍による認知戦の疑いが濃厚です。若者にヒットした映画『あの花が咲く丘で君とまた出会えたら』に便乗した洗脳工作の一環とみられます。軍服も航空機のデザインも、葬式の祭壇もデタラメ。28歳という高齢での特攻出撃は一部の例外を除いてほとんどありません。日本語もデタラメ。享年に『歳』はつけません。『際』の字も間違い。最後のセリフ、静子を頼みました、も不自然な日本語です」

これに対し、次のようなツイートがあった。

「いつまで続けるんですか？　このシリーズは？だから、軍服含め皇国軍じゃないんですって‼デタラメ過ぎませんか？」「中国人の宣伝工作ですから」「28際？　最後の『頼みました』も日本語おかしくない？」「は〜っ？？？28際？？？　気持ち悪く、デタラメなＡＩ画像。日本国、日本人、英霊たちを、侮辱しています。反日の何人かが作っているんでしょうねぇ。酷すぎます」「侵略戦争はすでに始まっています。ボケ〜〜〜としてんじゃねよ！」「何が狙いなのか〜日本の兵隊さんは戦争の犠牲者だから〜中〇？　の精神攻撃です」「香港製の程度の悪い動画です。中共のプロパガンダの可能性も出てきますね。みなさん、見ない方がいいでしょう」

筆者の投稿も少しは役に立ったのか。この動画が中国人民解放軍による認知戦の一種であることを理解してもらえるようになってきた。

しかし、いまだに「なんで戦争するんやろな。なんで人間同士が殺し合いせなアカンのや」とか、「戦争に行かないで」などのほかに、「早速シェアさせて頂きます」といった投稿もみられた。

筆者が警告を発する前は、これと似た動画とそれに騙された人の好い日本人による投稿が掲載された。

タイトル「一緒に居たかった」享年26歳（ママ）

「キヨコ、あなたは世界で一番素晴らしい妻だと思っています。苦労を掛け、面倒をみてくれたこと。私が何も返せなかったことに申し訳なく思っています。短い期間だったけれど、大切な時間でした。あなたは私の親にも親孝行をしてくれ、私の分まで尽くしてくれました。もし私に会いたくなったら、空を見て、飛行機を見て、軍艦旗見てください。私はそこに生きています。結婚のすべての手続きは、六月十二日にすでに完了しています。どうか、私の後を頼みます。私が出来なかった事も、キヨコになら出来るはずです。後ろ髪を引かれる事もなく、安心して出征出来ることに感謝しています。最愛のキヨコ、いつもあなたを見守っています。本当にありがとうございました」

この動画に「イイね」を押した人は648人、「シェア」した人は32人いた。

以下は、動画に付けられたコメントの一部である。「何の為にあんな地獄の訓練を予科練でして、死ぬことになるんだろ。突撃するときにモールス信号を送るんだけど、ほんと切ない」「いやはや、戦争は無理です。あの時代は、日本のために、そうだったのかもしれません。これからは自分のために生きてほしい。戦争反対」

どうだろうか。押しなべて、「戦争反対」、「かわいそう」のオンパレードである。静子だの、キヨコだのと、安っぽい動画に騙される面々は後を絶たないのである。

「昭和レトロ」に罠がある

動画の多くは、芸能やスポーツ、ラーメン好きや特撮ヒーローや怪獣もの、昭和レトロなどの趣味嗜好が同じようなネット住民を集めたグループ内で発信されているのが特徴だ。

そのすべてが香港発で危険だといっているわけではないが、「昭和」を謳《うた》い郷愁を誘う世代をターゲットにしたコミュニティーに特攻隊などの動画が練り込まれていた。十分に気をつける必要がある。

発信される内容の多くは、タイトル通りのものがほとんどだ。昔懐かしいヒーローの写真や悪役ながら人気のあった宇宙怪獣などのほか、芸能人の若いころの写真を掲載して誰であるかを当てさせたりと、他愛のないものが多い。

気をつけねばならないのは、中共軍が狙うサブリミナル効果だ。特攻隊員などに関する動画は十数回に一度の頻度で挿入され、戦前日本の〝軍国主義〟への怒りや憎悪を呼び覚ます狙いがうかがえる。

サブリミナル効果とは、視覚や聴覚などの潜在意識に訴えて目的の達成を図る心理用語だ。テレビコマーシャル映像の中にほんの一瞬、視聴者が気づかない程度に「買うんだ、買え、買え」などのメッセージを入れ、視聴者の無意識に働きかけて購買欲を煽るという手法だ。

米国ではサブリミナル効果が大衆をマインドコントロールする弊害が大きいとして社会問題化した1970年代半ば、日本ではNHKや民放がそれぞれの番組放送基準を定め、禁止されている。

中共軍はフェイスブックを使って、いわば堂々と動画や写真を挿入し、反戦・厭戦ムードに日本人を誘導しているのだ。サブリミナル効果に似ているが、可視化できる分、より直接的である。

筆者が首を傾げたFBのコミュニティーは、「暇つぶし」のほか、「昭和を忘れないでください」「思い出深い昔の美人さん」、「時は昭和」などがある。

いずれも10月2日にFBのアプリ「メッセンジャー」を通して取材協力を求めたが、この稿を書いている現在まで返事はない。

★

日本の少数民族!?

特攻隊員だけではなく、日本の〝少数民族〟にスポットを当てた動画もある。「日本国内の少数民族を忘れるな」という趣旨で、古いアイヌの人々の写真などを掲載したコンテンツだ。

日本政府はアイヌの人々を２０１９年に成立したアイヌ施策推進法で、「日本列島北部周辺、とりわけ北海道の先住民族」と明記した。

政府見解の妥当性については、アカデミアを含めて異論も根強い。ここでは、日本国民の世論分断工作を論じるため、日本政府の見解についての評価は行わない。

問題なのは、アイヌのほか、日本政府も認めていない「琉球民族」や少数集団で山間部を放浪していた「サンカ族」、挙句の果てには、海上で漂流しながら暮らす「家船《えぶね》民族」などを「日本に実在する少数民族・先住民」などとして写真を掲載していることだ。これは、「昭和感あり」というコミュニティーだが、管理者の居住地情報はない。

樺太にいたウィルタ族も日本国内にいる「謎の少数民族」などと紹介している。このコミュニティーは、「昭和を忘れないでください」だ。アイヌはともかく、いもしない「少数民族」をでっちあげることで日本人の心理的な分断を狙った投稿であることは間違いない。

いずれのコミュニティーに対しても、特攻隊のデタラメ動画をＦＢにアップした「暇つぶし」と同様、期限を切ってメッセンジャーで質問状を出したが、回答はない。

★ 沖縄統一戦争を準備する中国共産党

中国共産党の尖兵となっている香港の『星島日報』は、中国遼寧省にある大連海事大学が沖縄関連の研究を目的とした「琉球研究センター」の設立を計画していると報道した。同紙によると、今月1日に大連海事大学で、設立準備のための研究討論会を開催した。北京大学や復旦大学などの専門家20人以上が招かれた。

沖縄については、中国の習近平国家主席は2023年6月、北京市内にある中国国家博物館を訪問した際、館員から沖縄県・尖閣諸島について明記された明代の抄本『使琉球録』の説明を受け、「福州と琉球の交流が深いことを知っている」と語った。習氏は福建省福州市の党書記を務めた当時を振り返りながら、福建省と琉球の歴史的な交流に言及したものだ。

これが注目を集めたと中国共産党（中共）の機関紙「人民日報」が報じた（2024年9月16日付「大紀元」電子版）。

習氏の発言以降、共産党系の新聞やテレビ局がこぞって沖縄の「帰属未定論」を取り上げているから、警戒が必要だ。深圳のテレビ局が13日、琉球特集を報じたり、中国共産党に近い台湾メディア「中時新聞」もまた、言論人の寄稿で、「ポツダム宣言では日本の主権を四島（北海道、本州、四国、九州）と定めており、沖縄は明記されていない（沖縄帰属不明論）」と主張している。

２０１３年にも、習近平政権発足後間もなくして、「人民日報」は琉球王国が明清時代に中国の属国であったとし、沖縄問題は「未解決」であると断じた。

フランス国防相傘下のシンクタンク「軍事学校戦略研究所（ＩＲＳＥＭ）」が２０２１年に発表した報告書は、中国共産党は沖縄と日米に対して「離間《りかん》の計」を施すと記している。引き離す狙いは何か。沖縄史に詳しい一般社団法人日本沖縄政策研究フォーラムの仲村覚理事長によれば、現行の中琉交流が目指す「平和」は米軍基地および自衛隊の排除だという。仲村氏は、「19世紀以来、植民地支配を受ける日本から解放され、東シナ海を平和の海にして、島に一兵たりとも置かない。これが落とし所だろう」（同）と語る。

中国共産党による影響工作は三戦（世論戦、法律戦、心理戦）と呼ばれる。共産党は、世論戦や心理戦によって、より具体的に人の脳に働きかける「認知戦」に力を入れている。

防衛研究所の飯田将史氏は、中国の認知領域における戦いに関し、「敵の行動や決定を自身の望むように誘導したり、情報の改竄によって混乱を招き、投降や同士討ちを引き起こし、最小コストの勝利を目指す」と中国国内の論文を引用して解説している。

狙われる国土　合法的な沖縄のっとりの危惧も

15世紀から19世紀まで続いた琉球王国の初代国王・尚円《しょうえん》王の故郷、伊是名村《いぜなそん》では今も毎年4月に玉御殿に葬られた尚円王を供養する行事、「公事清明祭《シーミー》」が執り行われる。沖縄の伝記に名を残す伊是名村だが、村に属する屋那覇《やなは》島と具志川島の無人島のうち、屋那覇島が2023年春、中国系企業に乗っ取られそうになった。

日本人は中国の土地を買うことができないのに、中国人は日本の土地を買うことができるのは、外交や通商上、国際的に共通認識となっている相互主義に反する。かねてより懸念されていたことが、沖縄の無人島を舞台に表面化したのだ。

中国系の動画投稿アプリ「ＴｉｋＴｏｋ」の国内版「抖音（ドウイン）」に、中国人女性がこの無人島に上陸して歩き回り、「島を購入した」などと投稿した。中国では「領土が増えた」などのコメントが相次ぎ、安全保障上のリスクへの感度の鈍い日本のメディアもさすがに報道した。

仲村氏は、「尚円王の生まれ故郷である伊是名村は、琉球の信仰と歴史にとって重要だ。琉球王国に縁の深い伊是名島、ひいては沖縄のっとりも考えられる。歴史戦で攻めるのであれば、『戦わずして勝つ』。つまり、歴史を変えて未来をコントロールしようとしているのではないか」と語る。

２０２３年7月には、沖縄県の玉城デニー知事が福建省を訪れた。習氏の沖縄県に関する発言の一か月後だ。媚中・親中の総本山として知られる「日本国際貿易促進協会」（会長・河野洋平元衆院議長）の代表団の一員として参加し、李強首相に面会するなど破格の待遇にご満悦だった。

中国は２０１０年、有事のときに「ヒト・モノ・カネ」を徴用できる国防動員法を施行している。民間企業あるいは個人による投資は、国防動員法や国家情報法により、当局が必要と判断すれば、国防や国家安全保障の名目でその資産を収用できる、当局にとっては非常に使い勝手の良い悪法だ。さすが、共産党一党独裁の全体主義国家らしい。

屋那覇島を購入した中国人女性が、中国共産党政権の命令一下、屋那覇島を勝手に差し出すなどということが、形の上では起こり得るのである。

何をやっているのだ。しっかりしろ、日本。

日本社会の混乱を狙う中国人民解放軍

中国人民解放軍による認知戦の目的は、大きく分けて、①日本政府への攻撃、②中国共産党の擁護、③日本社会の混乱――がある。

これらの目的を達成するため、「(日本国内の)内部対立の醸成や人々の怒りの扇動、分割と統治を狙ったアプローチを採用している」(『The Officer Review』誌2023年7〜8月号、Ya-ChiHuang台湾陸軍少佐著)。

さしずめ、特攻隊員の遺書に関するものは、若者を死地に追いやった当時の日本政府に対し、閲覧した日本人ユーザーの怒りの矛先を向けさせるための攻撃とみられる。

アイヌはともかく、ありもしない〝少数民族〟をでっちあげ、ユーザーの共感を誘う手口は、日本社会の混乱を狙ったものであろう。

中国ではこれまで、偽情報の拡散や中国に敵対的な国内外の影響力を持ったインフルエンサーを無力化するために、偽情報や個人攻撃などの投稿一本につき五毛(0・5元)を支給する「五毛党」が知られている。五毛党の多くは学生などのアルバイトが主流だった。

それがコロナ禍以降、ネット使用者が急増するのに合わせて中国人民解放軍はサイバー部隊のほかに、一般市民を対象にした洗脳工作に力を入れ、五毛党組織を準正規軍に格上げしたもようだ。

主なターゲットは台湾の一般市民であったが、最近では日本人を対象とした攻撃が目立つ。新型コロナウイルスが次々に変異するのと同じように、中国の認知ウイルスも次々と変異しているのである。

ならばコロナの変異株に合わせてワクチンの開発を進めたように、日本政府は中国人民解放軍による〝認知ウイルス〟への抵抗力を強める国民の意識改革と洗脳を阻止するＰＲ活動に力を入れる必要がある。

中国人民解放軍による認知ウイルスの矢面に立ってきた台湾では、中国に攻め込まれても「米軍は助けに来ない」とか、「日本政府も台湾側に立って動かない」などの偽情報を即座に明らかにするため、台湾国防部のウェブサイトに偽情報を公開する項目が設けられている。また、偽情報が特定されるたびに各種ＳＮＳ上でその内容を公開している（台湾陸軍少佐）。

中国からの硬軟織り交ぜた圧力に対峙してきた台湾人に比べ、中国に住む日本人の男児が殺されても、「日中友好」の幻想に騙されて中国建国75年を祝う政財界をはじめとする日本人の馬鹿っぷりは末期的だ。

それが稚拙な動画であっても、中国人民解放軍の認知戦によって容易に洗脳されることは目に見えている。日本政府は、認知戦の実態について、国民への周知と対策に本腰を入れて取り組まねばならない。

第6章

中国の巧妙な浸透工作

★★★★★
中国のロビー活動

ロビー活動とは、ひと言でいえば、議会への陳情や働きかけのことである。日本も米国も共に憲法に定められた請願権の行使に当たる。

ロビー活動には、それを依頼する自分たちの利権のために政治に働きかけるネガティブなイメージと、情報提供により建設的な政策提言につなげるというポジティブなイメージの両面がある。

ここでは、中国のことなので、もっぱら負の側面しかないだろうということで、そうした面に焦点をあてていく。

ロビー活動は特に米国では活発で、首都のワシントンでは石を投げればロビイストに当たると言われ、米調査サイト「オープン・シークレッツ」によると、米国におけるロビー会社は約2千社あり、1万2千人以上がロビイストとして登録している。

ロビイストの周辺人材を含めると、ロビー活動をしている人は実際にはもっと多く、その数は2万人から3万人といわれている。上下両院議員1人につき23人のロビイストがいる計算だ。

ロビー会社に支払われた顧問料の総額は10年前で約35億ドル（約5425億円）で、議会が開会中の日割りで計算すると、当時は日本円でざっと1日15億円のロビー料が支払われている勘定になる。

日本政府の２０２１年のロビー活動費は４千万ドル（約62億円）。２０２３年は４９３４万ドル（74億円）で、前年比で13・４％増えている。中国政府は２０２１年現在で、６８５０万ドル（約１０６億円）だ。

経済成長率や軍事費の統計を詐称することなど朝飯前の中国共産党政権である。彼らがワシントンでロビー活動に本格的に乗り出し、跳梁跋扈《ちょうりょうばっこ》している現在、届け出ている数字とは別にその額は２～３倍に跳ね上がっているとみてよいだろう。

この登録制度だが、欧州連合（ＥＵ）でもロビー活動をする団体の「透明性登録簿」があり、企業関係者らがいつ、どこで、誰と何をテーマに面会したのかといった情報がこと細かくホームページで公開されている。

日本国内では中国政府関係者がたくさん、うごめいており、その活動実態に少しでも透明性を持たせるために、例えば、当代きっての親中・媚中派で鳴らす河野洋平元衆院議長が会長を務める日中国際貿易促進協会など、日中友好７団体といわれるような団体に対し、同じようなロビイスト登録制度を導入すべきである。

中国ビジネスで儲けて内心は親中だったり、媚中だったりする人の中には、他人にそれを指摘されると否定したり、怒ったりする人が少なくないのだが、河野洋平元衆院議長や福田康夫元首相はあきれたことに、逆に喜んでいるのだから救いようがない。

ワシントンには、連邦議会議員とそのスタッフ、弁護士などの法律家、マスコミ関係者、ロビイストの4種類の職業従事者が幅を利かせているといわれる。

米国では、「ロビイング・ディスクロージャー・アクト（ロビー活動公開法）」という法律があって、ロビイストの活動やその依頼者がだれなのか、細かな情報をすべて公開する義務があって、開かれた形でロビー活動が行われている。

特に外国法人や個人の場合、米国以外の外国に利益となる不当な情報操作を防ぐために、自国政府を代弁する広報活動を行う代理人として登録を義務付けた「外国代理人登録法」により、登録が義務付けられている。

アメリカではロビー活動公開法により、議会に身分登録する必要がある。企業などがロビイストを雇い、議員や政府高官に政策立案を働きかけるのが一般的で、各社は四半期ごとにロビー活動の内容や報酬額などを米議会に報告することが義務付けられている。

ひと口にロビイストといっても、さまざまで、四つのタイプに分けられる。これは、シン・ニホンパブリック・アフェアーズ代表取締役の小原泰さんという方が広報会議という冊子で見解を述べているのだが、分かりやすいので、紹介したい。

一つ目は、PR会社あるいは、広告会社系のロビイスト。一般大衆に広く訴えかけることによって、政府機関を動かすタイプで、乳がんの早期発見・治療の大切さを訴える「ピンクリボン活動」は、このタイプのロビー活動によって広まった。

二つ目は、政府高官、連邦機関関係者、専門分野に強い官僚出身者などだ。例えば、運輸省の自動車担当をしていた経験を活かし、専門領域で政策を誘導していくタイプである。

筆者がワシントン特派員の時に近所のパブで知り合った米運輸省の高官もその1人だ。いまはもうリタイアしているが、幼いころは東京にある米軍横田基地で育ったという空軍の元佐官で、運輸省の独立捜査官という役職を経て、米自動車メーカーに雇われ、トヨタ対策のロビイングを行っていた。

三つ目は、閣僚を辞めたり、引退した大物議員だ。クリントン政権時代のオルブライト元国務長官などがそうだ。議員時代の人脈の広さに加え、政治の駆け引きに精通しているため、困難な目標も政治力でねじ伏せたりする。依頼主にとっては、頼りになる存在だ。

四つ目は、法律事務所や会計局事務所系のロビイストだ。法律や税務に精通しているため、新しい法律をつくって成立させる際、日本でもパブコメといわれるパブリックコメントに対して精査を行い、専門的な意見を提出したりするのが役目だ。

こういったロビイストのタイプは、日本にも共通する部分があるが、アメリカはより組織的で規模も日本と違ってとてつもなく大きいのが特徴的だ。

日本やイギリスのような議院内閣制ではなく、アメリカの場合は大統領制という政治の仕組みもあって、二つ目で紹介した政府高官や連邦機関関係者などの場合、大統領が代わるたびにポリティカルアポインティー（政治任用）で、局長級以上がごそっと入れ替わるのも特徴だ。

人呼んで「回転ドア」。政府と民間を行ったり来たりしながら、専門性を武器に依頼者の要求実現に向けた議会への働きかけを強めていく役割がある。農業・建設機器製造のディア・アンド・カンパニーとのパイプも彼らの強みで、場合によっては企業のスポークスマンになることもある。

米国のロビー企業と高額な専属契約

次にアメリカにおける中国共産党のロビー活動だ。21世紀に始まった中国の政府・企業によるアメリカの首都ワシントンにおけるロビー活動が本格化したのは、オバマ政権一期目の後半、だいたい２０１０年ごろからだ。

筆者が２０１０年のオバマ政権1期目の発足から2年目を迎えた時期で、産経新聞のワシントンに支局長として赴任した時期にあたる。

当時は、G2などという言葉がもてはやされていた。G2というのはもはや死語になっているが、当時は主要先進国のG7もあるにはあったが、G2、すなわち、世界はアメリカと中国の二大国、「グループ2」が動かしていくんだという誤った認識とムードが、中国側だけでなく、オバマ政権側にもあり、中国を増長させる種を撒いていた。米国がブッシュ政権以降、アフガン、イラク戦争に軍事力を集中投下し、アジアにおける米軍のプレゼンスが希薄になっていた時期だ。

この機に乗じたのが中国で、アメリカの首都ワシントンでロビー活動に大量の資金を投入し始めたのは、彼らの主張をより強くアメリカ政治に反映させる狙いがあったからだろう。

ワシントンにおける中国のロビー活動は、2010年ごろからアメリカの大手ロビー企業と高額な専属契約を結ぶ動きを活発化させている。

さきの大戦前から、米国内における政界工作といえば日中戦争を戦っていた蒋介石総統率いる中華民国、現在の台湾のお家芸だったが、中国の前例のない攻勢で新たに「中国ロビー」が台頭してきたのだ。

それまでは長い冷戦時代だったりして、実は中国共産党政府によるワシントンでのロビー活動は、米捜査当局の厳しい監視の目もあってなかなか、しづらい状況にあった。

それがオバマ政権の間違った対中融和政策により、中国ロビーが活発化し始めた。中国政府は同時に、ワシントン北部に巨大な大使館を建造し、大量の外交官とメディアやメディアを偽装する工作員を送り込んできた。

例えば、中国国有石油大手の中国海洋石油総公司（ＣＮＯＯＣ）がカナダのエネルギー大手「ネクセン」を１５１億ドル（約１兆１８００億円）で買収する直前、中国当局は、ワシントンの中堅ロビー会社「ウェックスラー・アンド・ウォーカー」と大手ロビー会社「ヒル・アンド・ノウルトン」と、それぞれ顧問契約を結んだ。

カナダのエネルギー大手「ネクセン」は、ニューヨーク証券取引所に上場し、アメリカの石油権益を保有しているだけに、買収後に予想されるアメリカ議会の激しい抵抗に備えるための合法的な懐柔工作とみられた。

中国海洋石油総公司が２００５年に米石油大手「ユノカル」の買収を試みた際には、米議会が「安全保障上の問題がある」と阻止した経緯があったほどだ。

最近では、動画共有アプリ「ＴｉｋＴｏｋ」の運営会社や衣料品ネット販売の「ＳＨＥＩＮ（シーイン）」などが巨額のロビー活動費を投入し、ワシントン界隈で話題となっていた。

これも、ロビイング・ディスクロージャー・アクト（ロビー活動公開法）があるから明らかになった。とりわけ、ＴｉｋＴｏｋの運営会社「バイトダンス」は、その秘密性から米議会の風当たりは強く、応援団としてのロビー会社の必要性を感じていたのであろう。

アメリカで２０２４年４月下旬に成立したＴｉｋＴｏｋ利用禁止法は、運営元のバイトダンスが最長で1年以内に米国での事業を売却しなければ、米国内での利用を禁止している。アメリカ国内には1億7千万人の利用者がおり、影響力が無視できないことを懸念した結果とみられる。

下院では賛成３５２、反対65だった。この中国側を支持する反対の65票には、中国共産党と契約したアメリカの中共ロビーの強力な働きかけがあったとみられる。

トランプ前大統領がＴｉｋＴｏｋの提供を禁じる大統領令に署名した２０２０年には、中国はロビイストを10人に増やし、いまは14人以上を登録している。

２０２１年、ＴｉｋＴｏｋを運営する「バイトダンス」は、19年の10倍に当たる２６１万ドル（約4億円）を投じている。ネット大手のアリババ集団も、２割増の３１６万ドル（4億9千万円）を投入している。

２０２０年夏にアメリカで正式にロビー活動を始めた「テンセント」は、１５２万ドル（約2億4千万円）、これに対し、通信機器大手の華為技術（ファーウェイ）は２０１９年より８割を減らしている。

華為の製品には、バックドアと呼ばれる情報の抜き取りチップの存在が指摘され、安全保障上、重大な懸念を持つことからアメリカで叩かれまくり、形勢不利でロビー会社を使っても逆転不可能で、ロビー会社と契約するだけ無駄だと考えたのだろう。

元米海兵隊の情報将校で、共和党のマイク・ギャラガー下院議員は、「現在の所有形態が続く限り、ＴｉｋＴｏｋの脅威は大きいと言わざるを得ない」と語っている。

脅威の根拠とされたのが、ＴｉｋＴｏｋのアルゴリズムの能力だ。どの動画を優先的に表示するのかを決めるこのアルゴリズムの詳細は非公開で、バイトダンスが中国共産党の意向を受け、ＴｉｋＴｏｋを使ってアメリカ国民の世論に自国の有利になるような影響力を行使しているとみているためだ。

アメリカの若者の間で、反ユダヤ主義が急拡大し、パレスチナ寄りの投稿がイスラエル寄りの投稿の数十倍もあったり、香港の民主化や天安門広場などのキーワードが出てこない異様性が、法律の成立を後押しした。

衣料品ネット販売の「ＳＨＥＩＮ（シーイン）」は２０２３年、前年の7倍以上に上る２１２万ドル（約3億3千万円）をロビー活動に費やし、米通商代表部（ＵＳＴＲ）の在籍経験者をロビイストとして起用し、自社有利となるような働きかけをアメリカ政府に強力に行ってきた。中国の海運最大手、中国遠洋海運集団（コスコ・グループ）の会長は、中国がワシントンでのロビー活動を活発化させていた当時、北京の「中米投資協力フォーラム」に集まった中国人経営者らを前に「アメリカで事業を成功させようと思ったら、現地の商慣行と法律を理解する必要がある。わが社はアメリカで2社のロビー企業と契約を結んでいる」と手の内を明かしている。明かすというよりも、先に述べたアメリカ国内のロビー活動公開法により、衆目の知るところとなっていた。

このコスコ・グループは、日本だと北海道の釧路と苫小牧に目を付けているから警戒が必要だ。中国の進める巨大経済圏構想「一帯一路」の拠点とするためだ。

最近では高利貸しのように途上国を借金漬けにして、重要インフラを債務のカタにとるなどして評判の悪さからこの四文字を使おうとしないが、釧路を北極圏を抜ける「氷上のシルクロード」の重要拠点として、中国共産党の尖兵として租界化を図っているから要注意だ。

さて、アメリカのロビー会社が集まるホワイトハウス北側の「Ｋストリート」の中でも最大手として一目置かれているのが、「パットン・ボッグス社」だ。

ワシントンは東西に走る通りにはアルファベットの名前が付けられ、南北の通りが東側から12ストリートとか、14ストリートとか、ナンバーで呼ばれる。斜めに走る通りが、日本大使館などがひしめき合うマサチューセッツ通りやコネチカット通りなど、州の名前が付けられている。

ワシントン特派員として筆者がいたナショナル・プレスクラブは、「14th−Fst.」というところで、タクシーに乗る際は、この順番で行き先を伝えれば良いから、碁盤目状の札幌市内と同様で楽だったことを覚えている。

さて、東西に走るＫストリートにあるパットン・ボッグス社。ウェブサイトの顧客リストには在米中国大使館、中国商務省、国務院新聞弁公室などが並んでいる。

米司法省の公開資料によると、中国大使館はパットン社に月額3万5千ドル（約540万円）の顧問料を支払っている。

「パットン・ボッグス」は、中国金属・鉱物・化学商会にサービスを提供し、上院と下院の合同税務委員会に食い込むとともに、中国機械・電子製品・輸出入商会は2010年に税務委員会のほか、上院財政委員会で影響力を行使している。

中国と台湾による熾烈なロビー合戦

中国は長らく、冷戦時代など国際情勢もあり、ワシントン独特の風習である「ロビー活動」と距離を置いていた。

議会や政府のOBが、退職後にロビー会社に就職し、人脈を生かして旧友らに働き掛けるという人脈文化は中国共産党政権も同じだ。しかし、さきの大戦中の中国国民政府から現在の台湾政府のようなロビー活動の経験もなく、ロビー会社と契約を結び、顧問料を払って、堂々と米国の圧力を利用する文化になじまなかったためだ。

これに対し、台湾当局は早くからロビーの重要性に気づき、Kストリートの10社以上と顧問契約を結んでいる。出遅れた中国がロビー活動に積極的に乗り出すきっかけとなったのは、アメリカの台湾への武器売却問題だ。

２０１０年代の初頭、米国と中国のＧ２などと浮かれていたオバマ政権。台湾に最先端の戦闘機Ｆ16を売るかどうかの判断を迫られてフラフラと煮え切らない態度をとり続け、最終的に売らないことで決着した。この決断にいたるまで半年の間、中国ロビーと台湾ロビーの水面下の闘いが繰り広げられた。

中国の軍拡で中台両岸の軍事力がバランスを欠き、これが台湾併呑という中国の野心を掻き立てかねないから最新の改良型Ｆ16戦闘機を売却すべきだという台湾の主張に対し、中国側は「台湾問題は中国の内政問題であり、台湾へのＦ16売却は許されない」と強硬姿勢を取り続けた。

こうした中国と台湾のロビー活動を下支えしていたのが、中国側が「パットン・ボッグス社」「ホーガン・ロヴェルズ社」で、台湾側が、「オリオン・ストラテジーズ社」「パーク・ストラテジーズ社」だ。

台湾ロビーの先頭に立ったのはダマト元上院議員が率いるロビー会社「パーク・ストラテジーズ」だった。

日経新聞によると、ダマト氏はかつての同僚に手紙を書き、大使館に相当する台北経済文化代表処が企画する台湾視察ツアーに参加することを促していた。

ダマト氏が日系のダニエル・イノウエ上院議員に宛てた手紙の内容は、「上院議員時代、あなたは私の最も親愛なる友人の1人だった。もしこの視察ツアーに参加していただければ、非常に恩義に感じるだろう」というものだった。

台湾と足並みをそろえてF16の購入・売却を訴えたのは、戦闘機の製造元であるロッキード・マーチン社のロビイストだった。さらにF16の工場があるテキサス州選出の上下両院議員らも加わり、コーニン上院議員は、「新型F16を台湾に売れば、テキサスに2万3千人の雇用を生み出す」と訴えた。

台湾ロビーは合わせて181人の下院議員、45人の上院議員の署名を集め、オバマ大統領に届け出た。高額のロビー活動費に見合う働きだったと言えるだろう。

これに対し、「パットン・ボッグス社」を中心とした中国ロビーは、米中関係の重要性と、売却が実現した際の米中経済に与える悪影響を説いて歩いた。

米議会で法案を通す一つのテクニックは、全く関係のない法案の付帯決議として盛り込ませることである。例えば、米連邦政府の予算案の付帯決議として「台湾に最新型のF16を売らなければならない」という一文を加えるのだ。

日本でも付帯決議に「3年後にこの法律を見直すこと」などの一文を入れ、反対側を黙らせて賛成に取り込むことはある。だが、アメリカのように、全く関係のない法案の付帯決議として、実現したい施策を練り込むという高等テクニックは、日々議会の動きを細かくフォローしていなければ、なかなか気づかないものなのだ。

議会のルールに精通したプロでなければ、こうした動きを察知し阻止できないため、ロビー会社が重宝されるわけである。

中国共産党政権がワシントンでのロビー活動を活発化させている中、中国共産党政権のロビー会社、Ｋストリートの「パットン・ボッグス社」は、米国の国益の尊重は当たり前だが、台湾へのＦ16売却阻止に動いたりする辺り、巨額の金銭目当ての行動は、「パンダロビー」と呼ばれるのにふさわしいであろう。


ワシントンにおける中国のロビー活動は、２０１０年ごろから本格化し始めたが、それ以前はどうだったのか。

21世紀になってから、２０００年以降の動きをアメリカの中国・ロシア専門サイト「East View Press」を参考に、具体的な例を引きながら振り返ってみたい。

元米国通商代表部中国事務所のT・ストラットフォード氏は、２００８年に北京に事務所を開設した最大手のアメリカのロビー会社、「コビントン・アンド・バーリング」のスタッフに加わっている。

同社の顧客の一つは、チャイナ・アメリカ交流財団だ。上院情報委員会のアシスタントとしてキャリアを始めたロビイストのM・ゴールド氏は、1993年から95年にかけて、アメリカ上院の常任委員会の一つで人事サービスを率い、2009年から15年まで、チャイナ・アメリカ交流基金はアメリカでのロビー活動に合計256万9千ドル（約3億9600万円）を費やした。

アメリカのロビイストの中国顧客リストには、主にアメリカ中国商工会議所、中国石油天然気集団、中国鉄鋼協会、中国海洋石油総公司などの企業組織が名を連ねている。

2009年まで、「ホーガン・アンド・ハートソン」という民間企業は、中国の公式顧客が取引するロビイスト企業の一つだった。2007年から08年にかけて、同社は中国政府からサービス料として66万4千ドル（約1億円）を受け取っていた。

「ホーガン・アンド・ハートソン」の活動に関する報告書には、同社がアメリカの議会、政府、その他の政治機関が中国の利益に影響を与えたり、関係したりできるかどうかについて協議を行っていたことが記されている。

★
★★★★

中国系移民の影響力

ワシントンにおける中国ロビーの活動を語る上で、中国系移民の存在も忘れてはならない。ディアスポラと呼ばれる在米華人らが、アメリカ中央政界に対し、陰に日向に、ロビー団体の役割、圧力団体の役割を果たしているからだ。

２０００年ごろに始まったワシントンにおける中国ロビー活動に質的な変化が起こったのは、米中の「Ｇ２」が盛んに喧伝された２０１０年ごろのことだ。中国サイドがアメリカのロビー会社に頼るには限度があることに気づいたのだ。いかに経済的なWin-Winの関係といっても、そこは共産党独裁の全体主義国家と自由と民主主義のリーダーである米国のことだ。

中国にとって大きな問題の一つは、「自由の保護」、天安門事件の参加者の迫害、そして現在の反体制派の問題を常に議論しなければならないことだった。

１９８９年に起きた天安門事件に関し、米議会は、共産党政権の残虐な対応を非難する97の決議を採択し、天安門で逮捕された人々を含む良心の囚人の解放を求め、平和的な抗議者の殺害を非難した。

米議員らはまた、死刑執行後に人体臓器を利用する慣行、裁判も期限もなしに拘留すること、再教育のための労働収容所を維持することを非難した。

これらの決議は、武器禁輸を含む貿易制裁から、例えば国際オリンピック委員会に２００８年の夏季オリンピックを北京から別の場所に移すよう求めるなどの政治制裁まで、さまざまな制裁措置を講じるようアメリカ大統領に求めるものだった。

米連邦議会で最も積極的に中国の全体主義と闘った議員の１人は、２０２２年に台湾を訪問したこともあるナンシー・ペロシ氏だ。

ペロシ氏は中国のWTO（世界貿易機関）加盟に反対し、1990年、中国からアメリカとの貿易における最恵国待遇を剥奪したほか、天安門事件の参加者や他の中国反体制派に対する迫害を非難する決議をいくつか提出した。

下院議長となったペロシ氏は、反中国決議を支持し続けた。

人権活動家やチベット、ウイグルの少数民族代表に対する迫害への報復として、米政府に北京オリンピックのボイコットを求めた議会の要請は、中国にとって特に痛手だった。

ペロシ氏は、ジョージ・W・ブッシュ大統領に、オリンピックの開会式に北京に行かないよう勧告していた。彼女はインドで全仏教徒の精神的指導者であるダライ・ラマを訪問し、チベットで弾圧と迫害が続いていることをアピールしたこともある。

そこで動いたのが、ワシントンにおける中国ロビー最大手の「パットン・ボッグス社」だった。同社は2008年、駐米中国大使館のために、ペロシ氏、上院民主党多数派のリーダーあるH・リード、J・クライバーン、H・バーマン、E・マーク、S・ホイヤー、J・クロウリー議員など、影響力のあるアメリカ下院議員との会合をたびたび手掛けた。

そんなロビー活動が奏功したのだろう。ジョージ・W・ブッシュ大統領はオリンピックの開会式に北京を訪れた。

ただ、それが中国によるロビー活動の勝利だったかどうかは不明だ。ペロシ氏は２００９年5月に中国を訪問したが、人権侵害については一言も語らなかった。また、彼女は気候変動に関する会議で、地球温暖化はアメリカと中国が世界のルールを決めていくと発言した。

この変節ともいえる発言の背景には、ペロシ氏の選挙区であるカリフォルニア州サンフランシスコが、米国で最大かつ最も影響力のある中国系移民の居住地であるという事実だ。

米国の選挙運動における中国系移民の影響は、中国が自国の利益のためにロビー活動を行う主な手段となっている。

米国勢調査局のデータによると、約10年前の２０１３年の米在住の中国人は４３０万人で、全人口の１・３％にあたる。主な居住地区はカリフォルニア州43％、ニューヨーク州13％、テキサス州７％となっている。

米国在住の台湾系移民の約55％はカリフォルニア州に住んでおり、ニューヨーク州では約20％が中国本土出身者となっている。

サンフランシスコ、ロサンゼルス、ボストン、シカゴには中国系移民のかなりの部分が居住しているだけでなく、他の大都市にもチャイナタウンがある。

米国における華人は古くからの移民と誤解されているが、実際はほとんどの華人が１９８０年以降にアメリカに移住し、この傾向は今も続いている。

中国当局は積極的にこれら華人と連携しているから問題だ。華人とは、中国以外の海外に移住してその国の国籍を取得した元中国人のことをいう。似たような言葉に華僑《かきょう》というのがあるが、これは海外に移住はしたが、国籍は中国のままの人のことをいう。

中国人と帰化中国人という差はあるが、どちらも祖国に忠誠心を持ち続けている点が共通する。帰化中国人である華人のすべてがすべて、そうだとは言わないが、その傾向は他のどの民族よりも強いのは、各国で中華街をつくって集住する姿をみれば明らかだ。米国に移住した日系人が米社会に溶け込もうと努力するのに比べ、華人のそれは対照的だ。

このように、在米華人には、祖国への忠誠、心の団結、偉大な中華民族の復興を目指し、祖国への誇りをかけ、米国内で祖国中国に奉仕する腹積もりが見え隠れする。

中国国外で生まれた人々のために、北京は「歴史的ルーツへの回帰」計画を実施し、祖国への旅行を企画している。２００８年には５０００人以上が中国本土を訪れた。北京とワシントンの関係が話題になるたびに、中国側は中国とアメリカ間の自由な旅行（文化交流と研究交流）に言及している。

もう一つの影響力の手段は、アメリカにおける選挙運動への中国の隠れた資金提供だ。これが初めて明らかになったのは、１９９６年のいわゆるチャイナゲート事件に関連してだ。

当時、疑惑はビル・クリントン大統領に向けられていた。彼はコーネル大学で講演する予定だった当時の台湾総統、李登輝への ビザ発給問題で議会から圧力をかけられ、屈服した。その後すぐに、中国系企業から多額の金額を受け取っていた。

これらは、外国のエージェントによる選挙運動への違法な資金提供とされた。チャイナゲート事件のもう一つのエピソードは、民主党政権が米国のスプートニク技術を中国人民解放軍に売却することに目をつぶっていたという非難だった。

特徴的なのは、アメリカにおける中国系移民の継続的な増加が、よく組織化されたものであるということだ。中国当局は、政治家の選挙資金への寄付を通じて、効果的な影響力行使の手段を手に入れている。

米国では、個人から候補者またはその支援委員会への寄付は、２７００ドル（約41万８千円）までと厳しく制限されている。現金での寄付は、１００ドル（約１万５千円）までだ。

つまり、北京の意向をよく聞く在米中国系移民は、北京にとって有利な立場を支援する米国の政治家を支援するための理想的なツール、歯車になっているのである。

中国への経済依存が弱点

米国における中国のロビー活動の成功を決定づける要因にまず挙げられるのは、アメリカ経済が中国市場に強く依存していることだ。

加えて、中国共産党の中央統一戦線工作部が監視・運営する組織化された在米の中国人移民、共和党と民主党の政治闘争の利用、元米政府高官、彼らや中国にいる親族のビジネスに有利な条件でのビジネスの提示などがある。

アメリカにおける中国への輸出の主な受益者は、ハイテク機器、輸送機械、農産物、電子部品、化学製品の生産者だ。

冶金《やきん》や繊維産業は、人民元の不当な為替レートで利益を大きく損なっているが、親中国系企業の収益の大きさとそれに伴う発言力の大きさは比較にならないのである。

いくら反中国を唱えても、米連邦議会の上下両院の政治家たちが、対中貿易で利益を上げる地元選挙区の企業の声に押される所以《ゆえん》であり、中国に雇われたロビー会社が活躍する背景となっているのだ。

米国における中国系移民の増加は、選挙運動の過程で議員への圧力を高めている。一方、中国のロビー活動の弱点は、中国の利益が必ずしも米国の利益に合致しない点である。

これは、イスラエルのロビー活動とは対照的で、イスラエルの国益は米国の国益に直結するという強みがある。これは、同盟国日本にも言えることで、中国のロビー活動がいかに盛んでも、安全保障上の観点から言えば、最後は日本との連携こそがアメリカにとって、経済上も重要なことだと働きかけることができるメリットが日本側にあることは銘記したい。

中国におけるアメリカロビーの暗躍

さて、米国における中国のロビー活動をみてきたが、ここでは逆に、さきに少し触れた中国における米企業のロビー活動を見てきたい。

米国における中国のロビー活動は、中国における米国のロビー活動と一衣帯水の関係になっているからだ。中国共産党政権の好きな、Win-Win の関係がそこにあるのだ。

日本の安全保障への懸念など、どこ吹く風とばかり、アメリカ企業の中国への浸透は凄まじいものがある。

もっとも、米国サイドに言わせれば、「天安門事件以後、天皇陛下を訪中させて、最初に西側の経済制裁の輪を破ったのは日本ではないか」ということになる。

日本の対中外交の失敗が結果的に同盟国の暴走を許し、めぐりめぐって、自分の首を絞める結果となっているのだから、何とも皮肉なことだ。

１９７０年代以降、米国には二つの中国ロビイストグループが存在した。一つは台湾の利益のために活動する国民党政権の支持者だ。もう一つは、北京とつながりがあるグループだ。

しかし、21世紀になってから、北京グループのロビー活動は、台湾ロビーを凌駕するまでに急拡大する。

中国を支持する最初のロビイストの中心は、ハイテク分野で活動する米企業だ。彼らは貿易障壁を撤廃し、広大な中国市場に参入することに関心を持っていた。彼らこそが、米議会で中国との貿易関係正常化に関する法律を採択するよう米政府に強制し、ビル・クリントン大統領に２０００年10月11日に署名させている。

正常な貿易関係体制の導入は、実際には１９８９年の天安門事件後に発動された北京に対する経済制裁の放棄を意味していた。

ＩＴ企業の集まるシリコンバレー。インテルはじめ多くの大企業のトップが米国の連邦議会議員に訴えようとした主張は明快だった。中国への輸出増加は、アメリカに数億ドルの追加収入と新規雇用をもたらすだろう、というものだった。

ＩＴ関係団体は、ハイテク開発に協力する人々を支援すると宣言し、中国市場に関心を持つ企業の声に耳を傾ける議員らを支援すると明言した。これは、中国との関係改善を進める議員には票を集めるが、そうでない議員には票を回さないことを意味した。

ロビイストのキャンペーンはマスメディアを籠絡《ろうらく》し、貿易障壁の撤廃と中国との貿易発展を支持する記事を量産した。同時に、ハイテク企業の何千人もの従業員が間接的なロビー活動に参加し、議員に手紙を送り始めていたのだ。

事実上のロビイスト戦線の形成だ。これは、民主党や共和党とは何の関係もなく、いわば超党派だった点が注目される。

米商工会議所も、中国に対する制裁解除を求めるロビイスト運動や米中ビジネスの促進を主張し、これに影響を受けた上下両院の連邦議員には、アメリカ製品の中国への促進は、中国の民主化を進めるものだという主張が主流をなすようになった。

この結果、中国のロビー活動の様相は劇的に変化した。中国ロビーがワシントンで活動を活発化させるのと表裏一体で、米国のロビー会社は中国政府内に浸透していったのだ。

例えば、ゼネラル・エレクトリック（ＧＥ）社は、企業リーダーシップ・プログラムというものを開始して、毎年25人の中国高級管理職を米国に招いた。このプログラムの目的は、ＧＥ社が生産する航空機エンジンや風力発電所を巨大な中国市場に展開することだった。

すでに２００人以上の中国高級専門家が中国共産党中央統一戦線工作部（統戦部）との合意に基づき、このプログラムの下で試用期間を終え、中国企業に採用されている。

中国へのロビー活動を行った結果として米企業にもたらされる魅力は、中国当局の意に沿う企業活動を行っていれば、大きな利益をもたらしてくれるという点だ。逆に、中国当局の利益を考慮しない外国企業は、中国共産党の容赦ない制裁に直面した。

中国が国有企業を奨励し、市場への自由なアクセスを制限するとともに、米国の利益のためのロビー活動は、収益率の高い巨大なビジネスとなっている。米国のロビイストやコンサルティング会社は、アメリカの顧客が中国の権力中枢内でうまく立ち回れるよう支援するため、中国での活動を拡大している。

例えば、クリントン政権時代に国務長官だったマデレーン・オルブライトとアメリカの元大統領国家安全保障問題担当大統領補佐官サンディ・バーガーが率いる「オルブライト・ストーンブリッジ・グループ（G）」は、最大10人の元中国政府高官を自社の北京事務所で雇用した。みな、中共統戦部の工作員かその監視下にある従業員とみて間違いない。GE社は北京事務所に最大30人のロビイストを抱えている。

オルブライト・ストーンブリッジGは、中国商務省の元有力者を引き入れたおかげで、クライアントであるアメリカのファースト・ソーラー社のために、内モンゴルに世界最大の太陽光パネル生産工場を建設する交渉で前向きな結果を確保することができた。

ウイグルで採掘される太陽光パネルの原料となるシリカゲルやそれを元に生産されるソーラーパネルも、アメリカ企業の関与を調べた方が良いだろう。

なぜなら、採掘現場でウイグル人が中国共産党に強制労働させられている人権問題について、米政府の動きが鈍いのは、中国におけるこうした米企業のロビー活動と、アメリカにおける中国サイドのロビー活動が双方向から何らかの影響を与えている可能性があるためだ。

中国の権力の中枢でのロビー活動に、オルブライトのように、米政府の元高官を引き入れたというやり方も、中国の巧妙なアプローチの手法と言える。

中国に融和的なクリントン政権時代、現職の国務長官として北朝鮮を訪問し、例のマスゲームを見て感動してほめそやしてしまった軽い人物だけに、籠絡しやすい人物として中国に恰好《かっこう》のターゲットにされてしまったのだろう。同盟国日本の存在は目に入らなかったようだ。

中国当局は、イデオロギー抜きで経済的利益だけを考えており、米国の良きビジネスパートナーになれると振る舞った。老獪な英国やフランスなどと違って、欧州大陸という、魑魅魍魎の世界で揉まれたことのない単純な米国は、政府も企業も、それを信じてワシントンと北京という、その両方で中国にのめり込んでしまったのだ。

北京におけるアメリカのロビイストの一般的なアプローチ方法は、中国当局の目標（政治的、経済的、個人的な）を吟味したプロジェクトを提示することだった。

日本のアメリカにおける脆弱なロビー活動

いま、アメリカにおける中国ロビー活動の実態や、逆に中国におけるアメリカのロビー活動の実態をみてきたが、日本はどうなのだろうか。果たして、きちんと日本の国益をかけてロビー活動を機能させているのか、気になるところだ。

２０２４年、日本政府はこの年の11月の米大統領選挙で、バイデン大統領の選挙戦からの撤退で、トランプ前大統領が再選する可能性が高まったとして、これまで以上にロビー活動の強化に乗り出した。

首都ワシントンの駐米日本大使館は２０２３年、ロビー活動やアドバイザリー業務などを手掛ける3社と新たに契約を結んでいる。

外国代理人登録法に基づき、日本大使館が契約を結んだ3社は、トランプ前大統領との関係が近いロビー会社「バラード・パートナーズ」や、米議会の黒人議員連盟に近い「ザ・グループＤ.Ｃ」、クリントン元大統領のスピーチライターらが立ち上げた「ウェスト・ウィング・ライターズ」の3社だ。これにより、日本政府が契約しているアメリカのロビー会社は計20社になった。

「バラード・パートナーズ」の代表は、トランプ大統領と30年近くの交流があり、米政治サイトのポリティコは、「トランプ政権で最も強力なロビイスト」と評している。

ＴｉｋＴｏｋでは中国が、米国のロビイスト会社を使って懸命に使用禁止法案の成立阻止に向けた動きを活発化させたが、日本も日本製鉄が２０２３年12月に米鉄鋼大手ＵＳスチールを約１４０億ドル（約2兆円）で買収しようとした際、アメリカのロビー会社を使ってアメリカ国内の反対世論の懐柔を図っている。

日本製鉄による買収計画は2024年4月にUSスチールの株主総会で承認された一方、鉄鋼業界の労働組合、USW＝全米鉄鋼労働組合が計画に一貫して反対しているからだ。

日本製鉄は、トランプ政権で国務長官だったポンペオ氏をアドバイザーとして雇うなど、強力なロビー活動を展開している。

ただ、最近の円安はこうした日本政府のロビー活動を直撃した。「バラード・パートナーズ」には月額2万5千ドル（約390万円）を支払い、他のロビー会社には月額1万5千ドル（約232万円）を支払っており、金銭的な負担が増しており、これがロビー活動の弱体化につながりかねない懸念が生じている。

日本政界では旧・岸田派がターゲット

次に、日本国内における中国ロビー活動はどうなっているのだろうか。届け出制もなく、ロビー会社を使うまでもなくやりたい放題なのが実態だ。

ロビー団体に準じられている団体を一応列挙すると、中国関連の団体として、7団体があげられる。

「公益社団法人 日本中国友好協会」、「日本国際貿易促進協会」、「一般財団法人 日中経済協会」、「一般社団法人 日中協会」、「公益財団法人 日中友好会館」、「一般社団法人 日本中国文化交流協会」だ。このほかに国会議員らによる「日中友好議員連盟」がある。

日中友好議連は、林芳正官房長官が外相になるまで会長を務めていた実態のない口利き団体である。メンバーは正式に公表されていない。怪しいではないか。

当時は、林会長の口添えがなければ、中国本土でのビジネス展開に支障をきたすといわれていたほどで、それなりの見返りが中国側から林氏サイドに入っていたとみるのが自然だろう。

さて、7団体の中でも悪名が高いのが、河野洋平元衆院議長が会長を務める「日本国際貿易促進協会」だ。日中友好議連と並び、中国ビジネスの「関所」となっていて、河野氏サイドにうま味が転がり込む仕組みとなっているとされている。

これら7団体が、日本では中国のロビーの中核となって蠢《うごめ》いているのだ。

とはいえ、日本では外国人による政治団体への献金は禁じられている。政治家への献金が上限付ながら認められている米国に対し、日本では、政治資金規正法で外国人からの寄付を禁止されているからだ。

米国のクリントン政権が中国ロビーに食い物にされたように、日本の政界が外国勢力によって政治活動や選挙に影響を与えられて国益を損なうのを防ぐのが狙いだ。

故意に献金を受けた政治団体の担当者は、罪が確定すれば、3年以下の禁錮か、50万円以下の罰金が科され、公民権停止となる。

米国に比べ、外国人による政治への影響力行使に厳しいように見える日本だが、抜け道がある。政治資金集めを目的とした政治資金パーティーだ。中国人や中国団体にとって、それ以上に有効活用されているのが、7団体などを通じたパーティー券の購入だ。外国人とは日本の場合はそのほとんどが中国人なのだが、政治家個人や自民党の派閥などのパーティー券をバンバン購入してもらっているのだから、開いた口がふさがらないとは、このことだ。政治資金規正法の再改正で、外国人によるパー券購入を禁止する方向となったが、遅すぎる。

金は出すけれど、口は出さないという奇特な人を見つけ出すのは、この世知辛い世の中、浜の真砂から一粒の砂を見つけ出すより、難しいことだろう。

手元に中国系の東亜信息網（東アジア情報ネットワーク）という電子版（2023年5月18日付）の記事と動画がある。

動画は約7分間で、画面左上には、「香港日報」、右下には、「東亜信息網」という文字とともに、日中両国の国旗が見える。

動画は2023年5月17日夜、港区にあるホテルで開催された「宏池会と語る会」の受付の様子から終了まで、在日中国人らがたくさん出席している模様を鮮明に映し出している。宏池会とは、旧・岸田派のことだ。

パーティー開始前、入口付近にある金屏風の前に立って参加者を出迎えた林芳正（現官房長官）氏が、在日中国人の1人ひとりと親し気にあいさつを交わし、名刺交換している姿が映っている。パーティーに出席した在日中国人らが仲間うちで記念撮影したシーンも動画に流され、美人らと一緒に呉江浩・駐日中国大使が笑顔で映っていたのはご愛敬だ。

その前年、2022年5月19日付電子版にも、「宏池会と語る会」の現場レポートが載っている。注目したいのは、以下のくだりだ。

〈引用はじめ〉岸田首相の就任後、初めて開催されたパーティー会場はほぼ満席で、例年より明らかに多くの在日中国人が集まり、初めてパーティーに参加したグループも見られた。

中でも、名古屋在住の中国人グループがわざわざ会場に来てとても美しい景色となった。

名古屋在住グループの主催者の女性は、「今年は中日友好50周年であるからみなで参加した」と述べた。パーティーに参加することで、中国を宣伝したいという希望を示すものであり、日中関係はより良い方向に発展している。中には在日中国人ならだれでも知っている中国人も来ており、豪華絢爛な顔ぶれとなった。

今年の宏池会のパーティーが例年と違うのは、なぜか学校教育推進コーナーがあって、中国人関係者が登壇した点だ。参加者のだれかが「宏池会のスポンサーに違いない」と冗談を飛ばしていたが、取材したら本当の話だった。首相や重要閣僚が集まるパーティーである。相当高額のパー券を購入したに違いない。〈引用おわり〉

次いで、2019年5月16日付電子版の東亜信息網の記事だ。見出しは、「2万円出して宏池会のパーティーに参加すれば、何を見ることができるのか」。5月15日夜、東亜信息網の記者が宏池会のパーティー「宏池会と語る会」に出席した模様を現場から写真と動画付きで報じている。記事の内容は次の通りだ。

〈引用はじめ〉パーティー券は1枚2万円かかる。記者のパー券は日本の企業経営者から贈られた。島国にある自民党の宏池会のパーティーでは、中国人にとって想像もつかないようなことが普通に行われていた。パーティーは有料で中国人団体も喜んでパーティーに参加していた。

記者は多くの中国人を発見したが、日本の過去と現在の政治家に会うために2万円を使うのはかなり高額だ。ただ、地位がどれほど高くても、低くても、経歴や職業を尋ねられることはないし、提出する書類も必要ない。セキュリティー・チェックもないから、2万円さえ出せば、だれ

だって宏池会のパーティーに参加できるのだ〈引用おわり〉

以上、どうだろうか。

中国と契約を結んだ日本のロビー会社と契約するという、回りくどいことをするよりも現金でパー券を購入して出席し、後になって、脅し透かししながら彼らの要望を通す道筋を与えている。それも、総理総裁派閥が……。

政界と大手メディアは示し合わせたように、中国に乗っ取られたかのような派閥パーティーの実態を見て見ぬふりをしているのだ。

2024年の通常国会では連日、「裏金、裏金」の大合唱。還流した金の不記載という政治資金規制法違反なので、それはそれで問題なのだが、中国人によるパー券購入の方がもっと問題なのにもかかわらず、国会議員や大手メディアは知らぬ存ぜぬとばかり放置したままだ。

これを許せば、中国の政治介入を許すだけでなく、日本と日本人を裏切ることになることを自民党の議員は自覚すべきである。

派閥の政治資金パーティー収入の不記載（裏金）事件で、自民党はひとまず、党規約などの改正案を整えた。

政治団体の会計責任者が政治資金規正法違反で逮捕もしくは起訴されれば、議員本人に対して最も重い場合で離党勧告を行える内容を盛り込む内容だ。

不記載となった金は裏金と化し、場合によっては、所得税法違反の疑いすら生じたのだから、議員本人の責任を問うのは当然だ。

それ以上に問題なのは、何度でも言うが、中国人らによるパーティー券の購入だ。岸田政権の中枢を蝕《むしば》み、真っ先に除去しなければならない深刻な問題が２０２４年末まで置き去りにされたままだったのだ。

彼ら個人や団体が、中国共産党の意を汲んだ対日工作の実働部隊として、政権与党の自民党が中国に有利な政治決定をするよう、政治的な意図を持って購入しているのは明らかだ。

これは、いま見てきたクリントン大統領やオルブライト国務長官らがチャイナ・マネーに籠絡されたように、米国の例を見るまでもない。

習近平政権は、友好の仮面をかぶりながらも、本音では日本を華夷秩序に取り込むべく日本の政財界中枢への浸透を目論んでいることが、日本の国会議員らは分からないのか。

戦前、八路軍を率いた毛沢東以来、プロパガンダに長けた中国共産党のことだ。政治的な狙いがあるとみて排除するのが当然である。

もっとも、パーティー収入の不記載と違って、外国人によるパー券購入は政治資金規正法違反ではなかったから厄介だったのだ。

国会の責任で政治資金規正法を改正する方向になったのは半歩前進だ。従来の政治資金規正法では、パー券の購入は20万円以下であれば購入者を明らかにする必要がなかった。法改正で情報公開基準は「5万円超」に引き下げられたが、依然、匿名での購入がまかり通っているのだ。これが外国勢力による資金提供の温床になっている。企業・団体による献金は政党に対してだけ認められている。

だが、パー券の購入であれば、政党以外の政治団体からも可能なのだ。国の補助金を受けた法人や赤字法人、外国人・外国法人の寄付は禁じられているにもかかわらず、パー券購入には何の制約もなく抜け穴になっていたのだ。

こうした事実を国民の多くは知らないでいた。知らなければ問題意識を持ちようがないし、政治に対する批判の目を向けることもない。

それが政治家個人の政治活動に対する責任に帰するものであるならまだしも、国のかじ取りを担う政権の屋台骨に影響が及ぶものだから問題はなおさら深刻なのだ。

宏池会のパーティーは、日本の政権中枢が根っこから腐り始めていることを如実に示している。中国ロビーの影響どころではないのである。

政治資金収支報告書の公開は、要旨を公表して3年を経過すれば削除できる。3年経てば中国の個人・団体によるパー券購入は「なかった」ことにできるのだ。

外国人（中国人）によるパー券の購入は禁止される方向となった。岸田氏は、中国のパー券購入問題がこのまま闇から闇に消え、国民の目にさらされないで済むのであれば、御の字とでも思っていたのではなかろうか。

第7章

背乗《はいの》り――他人になりすます工作員

あるまじきことが、本当に起きてしまった。歴史認識などをめぐり、かねて中国報道に甘いとの指摘がくすぶってきた公共放送NHKで、首脳陣が即刻退陣すべきレベルの重大事が発生したのだ。２０２４年８月19日のことである。

NHKラジオ国際放送で、「釣魚島（※魚釣島の中国での呼び名＝中国語、尖閣諸島）は中国の領土」「南京大虐殺を忘れるな」と呼びかける放送が流れた。「胡越」とみられる中国籍の男の仕業だ。

NHK電波ジャック事件

9月10日にNHK放送センター（東京都渋谷区）で記者会見した稲葉延雄会長は、前代未聞の事件に「今回のことは、放送乗っ取りともいえる。極めて深刻な事態だ」と苦渋の表情で語った（9月10日付、産経新聞電子版）。だが、自身の責任については、役員報酬の自主返納50％、１か月という甘いものだった。

NHKは8月26日に井上樹彦副会長をトップとした検討体制を設置した。調査結果報告によると、8月19日午前、NHKグローバルメディアサービスの中国籍の男性スタッフが、放送センターで「靖国神社の石の柱に落書き」が見つかり、警視庁が器物損壊事件として捜査しているという

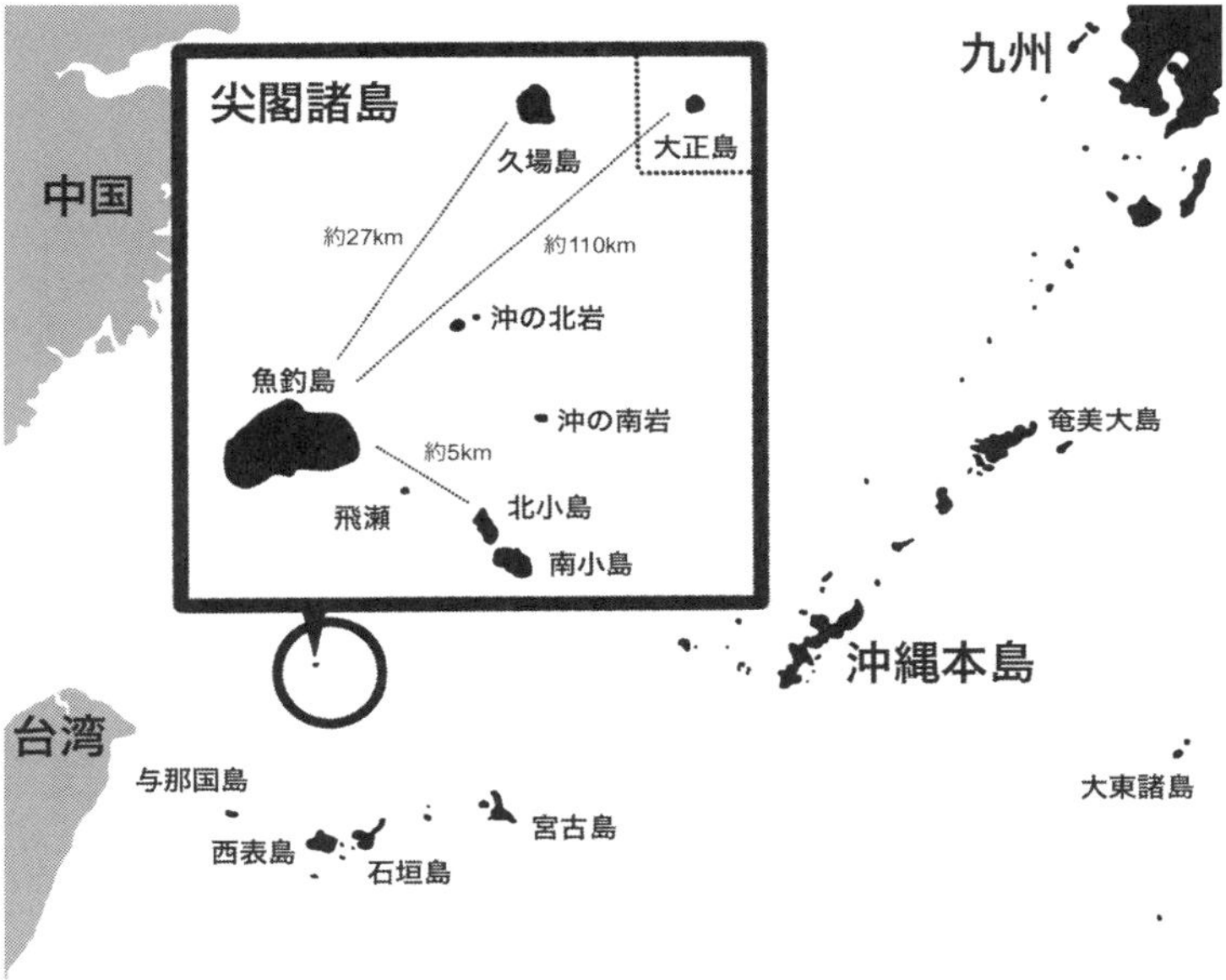

尖閣諸島に海底資源の埋蔵が指摘され始めてから中国は突然に領有権を主張し始めた

ニュースについて、この男は、日本語原稿の中の「(石の柱には)トイレを意味する中国語に似た字のほかアルファベットなどが書かれていた」という部分について疑問を抱いたという。

男は外部ディレクターとニュース画像などを確認したが、アルファベットは見当たらなかった。男は「NHKの原稿はあいまいで、そのまま翻訳して中国語で放送したら、個人に危険が及ぶ」、「NHKはその責任をどう考えるのか」と激高したといい、デスクの判断で、その一文は削除された。

午後1時1分の生放送開始後、男

が靖国神社のニュースを読み上げる中で、原稿から削除したはずの部分で、「『軍国主義』『死ね』などの抗議の言葉が書かれていた」と原稿にない発言を行った。その後、22秒間にわたって、中国語で「釣魚島と付属の島は古来から中国の領土です」と述べ、次いで英語で「南京大虐殺を忘れるな。慰安婦を忘れるな。彼女らは戦時の性奴隷だった。731部隊を忘れるな」などと発言した。

さらには、「NHKの歴史修正主義宣伝とプロフェッショナルではない業務に抗議する」と批判した。情けないことに、その場にいた外部ディレクターとデスクは驚きのあまり、音声を下げるなどの対応ができなかったという。

放送後に2人は「読み直して」と詰め寄ったというが、男は拒否して「僕は辞めますから」と立ち去ろうとした。男が読み上げた原稿には、手書きで問題の発言内容が記されていたという。集まってきた別の上司らが説明を求めると、「日本の国家宣伝のために、これ以上個人がリスクを負うことができない」、「あとは代理人を通して」と繰り返し、午後2時50分ごろに放送センターを立ち去った。同局は男との契約を2日後の8月21日付で解除した。

「これ以上個人がリスクを負うことができない」という言葉からは、駐日本中国大使館から男の業務について、脅迫めいた「指導」が入っていた疑いが拭えない。

NHKによると、緊急時にマイクをオフにして音楽を流す緊急ボタンなどがあったが、今回のような事態については想定外だったという。

問題のニュースを担当していた多言語メディア部長は「出演者のフリートークがないニュースで、放送中に不規則発言が出ることを想定しておらず、リスクとして認識していなかった」と説明した。中国人を公共放送に起用することの意味をまるで分かっていないのだから、あきれるではないか。

稲葉会長は会見で「(国際情勢が) 刻々と変化する中で、リスクの変化も敏感に感知する必要があった」と述べた。

自分にとって、ＮＨＫの仕事がリスクだという男。契約した当初は、そんな意識はなかったのではないか。初めから分かっていれば、何も契約する必要はないからだ。だとすれば、先述した通り、契約後にアナウンスなどの業務に携わるようになって以降、中国当局による何らかの圧力があり、それに怯えるようになったと解釈することもできる。

ＮＨＫでは、外国人スタッフが匿名などでの業務を希望する場合は個別の事情に応じて認めている。男も本名ではない名前でアナウンス業務にあたっていた。

ＮＨＫは男と２００２年に契約したが、その際に面接で「自分の主張と違うことを伝えるときも、業務に対応できるか」などと質問し、適性を確認していたという。おそらく、中国当局からの圧力というリスクを意識せず、「対応できる」と答えたのだろう。採用に関わった職員は、「人柄は温厚そうで、勉強熱心」との印象を抱いていたという。

職場での男性は口数が少なく、同僚の職員やスタッフはプライベートをほとんど把握していなかった一方、翻訳の方針や待遇への不満を訴えることがあった。尖閣諸島を例に挙げて「翻訳業務を拒否できるかどうか」について、尋ねていたという。

男が別の名前を使って、香港系の中国メディアで記事や音声リポートなどを発信していたことが確認された。東京電力福島第一原子力発電所の処理水について、日本政府が使っていない「核汚染水」という表現を使って報道していたこともあった。

作家の林愛華氏によると、事件から1週間後の8月26日、中国のSNS「微博」(Weibo)で「元NHKの中国籍職員(実際には外部契約会社のスタッフ)」と名乗る人物が、堂々と登場した。そして次のように綴ったのだという(9月7日付「現代ビジネス」電子版)。

「ゼロに返った。国に帰った。平安だ。もう思うなかれ。22年(の日本滞在)と22秒(の放送)。深く信じる中、ある種の力が湧く。答えないが、すべてを濃縮した22秒だった。あらゆる真実と真相が含まれている、過去、現在、ないしは未来も。身を挺して出ることを選択したからには、必ずや平然と相対していく」

この人物は「微博」の実名認証を得て、「元NHKの中国籍職員」と書いた。NHK国際放送で事故を起こした張本人に間違いない。アップした当日、「いいね」や転送による拡散などは

8万回を超えた。その後も「微博」で、「日本のマスコミは歴史の真相を隠すだけでなく、中国の発展の実情も懸命に隠している」と批判を続けた。

公共の電波を乗っ取り、その後ただちに出国。そして中国に帰国するや、自身の「微博」を開設し、多くのフォロワーを得た。林氏は、「明らかに、計画的な犯行だ」と指弾するが、筆者も同感である。

この男はどういう経歴だったのか。作家の奥窪優木氏などによると、この男は中国山西省の出身で、当時49歳。留学生として日本に来たのは20代のときで、最終学歴は東京大学大学院卒という。男は、ナレーターやレポーターとして幅広く活躍し、NHK国際放送局のアナウンサーやフリーのジャーナリスト、ラジオ番組司会者、テレビ番組コーディネーター、ライター、翻通訳者として、多岐にわたり活躍していたという。奥窪氏は、中国に関する報道で知られる気鋭の作家だ。

ナレーションの経歴をみると、NHK「ラジオ・ジャパン」、「テレビで中国語」、「みんなでニホンGO!」、「プロジェクトX」(中国語版)、「東京の歩き方」、「Weekend Japanology」などであり、NHKとの関わりの深さがうかがえる、という。

だが、男はNHKのほかにも、トヨタ自動車、ソニー、パナソニック、東芝、京セラ、ユニクロ、資生堂、ニコン等日本の大手会社、内閣府、経済産業省、警察庁等官庁の中国語VPナレー

ションは100件近くに上るという

さらに男は、日本だけでなく中国メディアからの仕事も請け負い、中国のSNS「ウェイボー」で検索すると、男が中国の衛星テレビ局「フェニックステレビ（鳳凰衛視）」の「特約記者」として、カメラの前で日本の現地報道を行う動画が複数ヒットするそうだ。

男が起こした今回の「NHK電波ジャック事件」については、中国国内でも報じられ、話題となっているという。

「日本の宣伝機関を乗っ取り、真実を伝えた彼は真の英雄だ」、「央視（中国中央電視台）は彼を特別待遇で迎えるべき」……。

中国事情に詳しい林氏によると、現在の中国の民族主義者たちは、歴史の事実よりも、中国政府の方針を信じ込んでいるのだという。

例えば、中国共産党中央委員会機関紙の『人民日報』が、米国を批判する文章を掲載したとする。それを読んだ民族主義者たちは、「わかった、今日から反米だ」と言う。数日後、もしも『人民日報』が北朝鮮を批判する記事を一面に掲載したなら、彼らは「わかった、今日からは北朝鮮を攻撃して、反朝（北朝鮮）だ」と言う知的レベルの低い人々らしい。中国の民族主義者の実態でもある。盲従的で功利的でありながら事実には無関心で無知なのだという。

中国共産党に洗脳された無知な中国人こそ哀れである。

★ NHK首脳陣は総退陣せよ

さて、当のNHKは、8月28日付の報告書に続き、9月10日付に公表した調査報告書で、今回の事案について、「放送の乗っ取り」とも言える事態だとし、「同局が自ら定めたNHK国際番組基準に抵触するなど、NHKが放送法で定められた担うべき責務を果たせなかったという極めて深刻な事態」という認識を示した。

処分対象は、稲葉会長のほか、副会長の井上樹彦氏ら役員計5人が役員報酬の自主返納50%を1か月で、理事の傍田賢治氏が9月10日付で辞任。関連会社の株式会社NHKグローバルメディアサービスの代表取締役ら2人が自主返納30%を1か月、NHK国際放送局長を減給としたほか、同局の職員4人を懲戒処分している。

このNHKグローバルメディアサービスというのが、どうしようもない子会社で、2022年、警視庁捜査二課は、庶務・経理を担当していた元社員を詐欺容疑で逮捕している。2017年から2021年までの間、会社の出張に使うと装って約1億8千万円分の新幹線チケットを詐取、換金した疑いが持たれた。

2024年9月には、警視庁渋谷署が同社のチーフプロデューサーを暴行容疑の現行犯で逮捕した。容疑を認めているという。逮捕容疑は9月13日午後10時ごろJR渋谷駅ハチ公口改札前で駅員の顔を数回殴った疑い。酒に酔った状態だったという。

こんな企業はなかなかあるまい。どれだけ緩んでいるのか。ガバナンスが問われる以前の人として最低限守るべき問題を守れない人々が少なくないようだ。中国籍の男が公共放送の電波ジャックを成功して高飛びし、それを防げなかったのは放送法違反の共同正犯として立件の検討に値する。

男性スタッフについては、信用毀損などの損害賠償を求める訴訟を提起し、刑事告訴については、様々な観点から慎重に検討を進めていくとしたが、もう帰国している。訴追は不可能であろう。なぜ、出国を止めなかったのか。そこへの疑問は解消されていない。

実際、発生後の対応についてまとめた報告書（9月10日付）でも、具体的な言及はない。少し長いが記録性を持たせるために引用する。

「本来の意図を取り戻すべく行うべき正確な放送の訂正の実施、視聴者・国民への適時の説明などにおいても、対応が十全ではなかった。

事態の深刻さに合わせ、最適な放送対応、記者への情報公開対応等を検討し、迅速に実施すべきであったが、適切な水準を決定するまでに、かなりの時間を要してしまうこととなった。また、その後に実施した、より詳しい説明を行うための広報において、確認不足から、不正確な内容を提示することとなった。何よりも正確を期すべきタイミングの広報で、基本動作を欠くという事態となった。さまざまな衝突や紛争が生じ、激変する世界情勢において、報道内容だけでなく、ＮＨＫ自身もその環境の例外ではない。こうした安全保障の観点について、ＮＨＫ自身のマネジメントの危機意識も高まってしかるべきである。しかし、これが欠如していたため、迅速でアカウンタブルな対応とはならなかった」

再発防止策としては、「緊急対応の強化、事前収録、外部スタッフなどとの契約内の国際番組基準の遵守の再確認などの短期的な施策は既に実施に移しており、確実に行う。これに加えて、組織的にも対策を行う。国際放送局については、国内放送の編集体制との連携を深めることにより、複数観点でのチェック、牽制が働くよう、速やかに対応を行う。また、メディア総局全体の組織の在り方についても、連携の進捗を見つつ、早急に検討を行い、必要な組織改正を実施する。同時に、今回の事案に類する事象について、ＮＨＫグループ全体で、リスクの再点検、ルールの見直しなど、適切な対応を行う。視聴者・国民からＮＨＫに期待される日本の視座の国際発信に当たっては、何よりも、ニュースの編集意図の貫徹、コンテンツの質が求められる。引き続き、副会長をトップとした体制で、ＮＨＫ本体の組織体制、関連団体との連携からスタッフとの契約などに至るまで、点検と対応を徹底していく」とした。

報告書は最後に、「今回の問題は、公共放送ＮＨＫの存在意義を揺るがす極めて深刻な事態である。本報告書に示した対応策を徹底することで、国際放送に関するガバナンスを強化し、信頼回復に努めていく。同時に、ＮＨＫ全体において、放送の自主自律の堅持とリスク意識の向上を図り、視聴者・国民から負託された公共放送の使命を果たしていく」と結んでいる。

とまあ、いろいろと立派な言葉が並んでいるが、まずは中国籍の人材（中国人）を雇わないことである。労働基準法、労働組合法、労働関係調整法といった労働三法の関係もあって今すぐに契約を破棄することはできなくても、契約関係の見直しをめぐって当事者と話し合いを進めて、電波ジャックが二度と起こらない体制を整えなければならない。

中国語ネイティブで日本に帰化した中国人はいくらでもいる。華人は定住先の国に帰化しても祖国への忠誠心は失わないケースがほとんどとされるが、少なくともＮＨＫは公共放送である。そうである以上、ＮＨＫの内規に照らしつつ、日本の国益に反する言動をとらないことなどをにじませた契約書への署名を求めることは可能だろう。違反した場合の罰則規定も盛り込んだ契約書とすべきである。帰化した中国の工作員なら、そこまでやってもなお、ＮＨＫと契約し、歴史認識などの問題で北京の意向に沿った電波ジャックを試みるだろう。

報告書は、このほか、外部スタッフの起用やチェック体制、再発防止等に言及しているので収録する。

発覚後の放送・ネット対応

〈おことわり・お詫び〉

・８月19日 20時30分：ラジオ国際放送（中国語ニュース）
・８月20日 13時01分：ラジオ第２・短波・衛星ラジオ放送（中国語ニュース）

〈ニュース〉

・８月19日 21時：総合テレビ「ニュースウオッチ９」
・８月19日 22時：ラジオ第１のニュース番組

〈改めてのお詫び・日本政府公式見解〉

・８月26日 13時01分：短波・衛星ラジオとラジオ第２放送（中国語ニュース）
・８月26日 17時50分：総合テレビ・ラジオ第１放送（日本語）
・８月27日 11時30分：テレビ国際放送「ＮＨＫワールドＪＡＰＡＮ」（英語）
・８月27日 14時：短波・衛星ラジオ放送（英語）

〈インターネット〉

・ＮＨＫオンライン「お詫び」「経緯と対応について」
・ＮＨＫ ＮＥＷＳ ＷＥＢニュース記事全文
・ＮＨＫワールドＪＡＰＡＮサイト「お詫び」、日本政府公式見解　外務省の関連ページのリンク（中国語）「お詫び」、日本政府公式見解（英語・動画）

外部スタッフについて

中国籍の外部スタッフは、ＮＨＫの関連団体と業務委託契約を結び、主な業務はニュース原稿の中国語への翻訳と、その原稿をラジオニュースで中国語で読み上げることでした。２００２年（平成14年）からＮＨＫの業務を行っていました。

外部スタッフは「代理人を通じて対応する」などと話し、現段階で、動機や意図については十分判明していないと考えています。

また、この外部スタッフとみられる人物が香港の中国系メディアに過去に出演していたことを確認しましたが、今回の事案発覚までに、把握できていませんでした。外部スタッフはニュースの取材制作の専用端末にアクセスする権限はなく、ＮＨＫの取材情報など非公開情報が流出したことはないと考えています。

チェック体制について

ラジオ国際放送は17の言語で放送しています。中国語を含めて、職員やスタッフが必ず複数の目で事前に翻訳内容などをチェックするとともに、生放送中も複数で内容を確認しています。

（参考：ラジオ国際放送の17言語）

英語、アラビア語、ベンガル語、ビルマ語、中国語、フランス語、ヒンディー語、インドネシ

ア語、朝鮮語、ペルシャ語、ポルトガル語、ロシア語、スペイン語、スワヒリ語、タイ語、ウルドゥー語、ベトナム語

再発防止策

ラジオ国際放送の中国語ニュースについては、20日から事前に収録して放送しています。さらに、スワヒリ語や朝鮮語など7言語も事前収録に切り替え、29日までに英語をのぞく全ての言語を事前収録とします。また、中国語を含め可能な言語から、必要に応じて、早期にＡＩ音声の導入を検討します。

また、放送にあたって各番組基準を順守することは、ＮＨＫの基本中の基本です。業務に関わる全役職員、スタッフに徹底します。

今回の事案を受けて、ＮＨＫの国際放送が萎縮することなく、国際番組基準が定める「内外のニュースを迅速かつ客観的に報道するとともに、わが国の重要な政策および国際問題にたいする公的見解ならびにわが国の世論の動向を正しく伝える」という使命や役割を果たすため、引き続き、充実強化を図って参ります。（以上）

★ フィリピンの市長を乗っ取った中国人女

日本では公共放送のＮＨＫが中国人の男に電波ジャックされたかと思えば、こちらフィリピンでは２０２４年春、市長職を乗っ取る中国女のスパイ事件が発生した。

２０２２年にフィリピン北部で市長に就任した女が中国人だったのだ。外国人地方参政権の付与とか、総裁選での自民党員なりすましといったレベルではない。出自を偽って首長になってしまったのだ。捜査当局は、インドネシアに逃亡していたこの女をＰＯＧＯと呼ばれるオンライン・カジノへの犯罪関与の疑いで逮捕した。

問題となったのは、首都マニラ北部にあるバンバン市の市長だったアリス・グオ（34）だ。黒髪の女性で東洋人の風貌をしていた。２０２２年の市長選に立候補したときは、地元で生まれたと申告していた。バンバン市は、人口約７万８千人。南シナ海にあるルソン島の都市で、中国広東省の深圳市から約１千㎞の距離に位置する。

騒ぎの発端は今年３月、警察が市内のカジノ賭博場を摘発したことだった。英ＢＢＣ放送によると、賭博客の多くは中国人で、市長が敷地の多くを所有していた。市長には出生や就学証明の文書がなく、中国人がフィリピン人になりすましているとの疑惑がくすぶっていた。

マルコス大統領まで「彼女がどこから来たのか分からない。市民権の問題がある」と捜査を指示するほどだから、よほど怪しかったのだろう。

グオはフィリピン議会上院の喚問などで、父は中国人で母はフィリピン人メイドだったと主張した。非嫡出子として農場で育てられたため、素性を示す証明書がないのだと釈明した。

フィリピン紙「スター」によると、６月末になって捜査当局は、市長の指紋が別の中国人女性のものと一致したと発表したのだから大変だ。疑惑が真相に変わった瞬間だ。

疑惑を追及してきた上院議員は、グオは２００３年にフィリピンに入国し、中国旅券に「１９９０年に福建省で生まれた」と記されていたと明かした。

バンバン市のカジノ賭博組織は、中国人やフィリピン人ら数百人の女性を監禁していたことも発覚した。大統領府直轄の組織犯罪対策委員会は、グオらが違法なオンライン賭博や人身売買に関与した疑いがあるとみて告発した。バンバン市内の中国人向けオンライン賭博の運営に関与し、重大な違法行為があったとして8月12日付で解任された。

バンバン市長を解任される前の7月18日にアリス・グオはフィリピンを不法出国し、シンガポールを経てインドネシアに入った。グオは中国人で、フィリピン国籍を偽装していたことを自ら証明した。

フィリピン国家捜査局はグオの指紋が別名の中国人のものと一致すると発表し、グオの偽装工

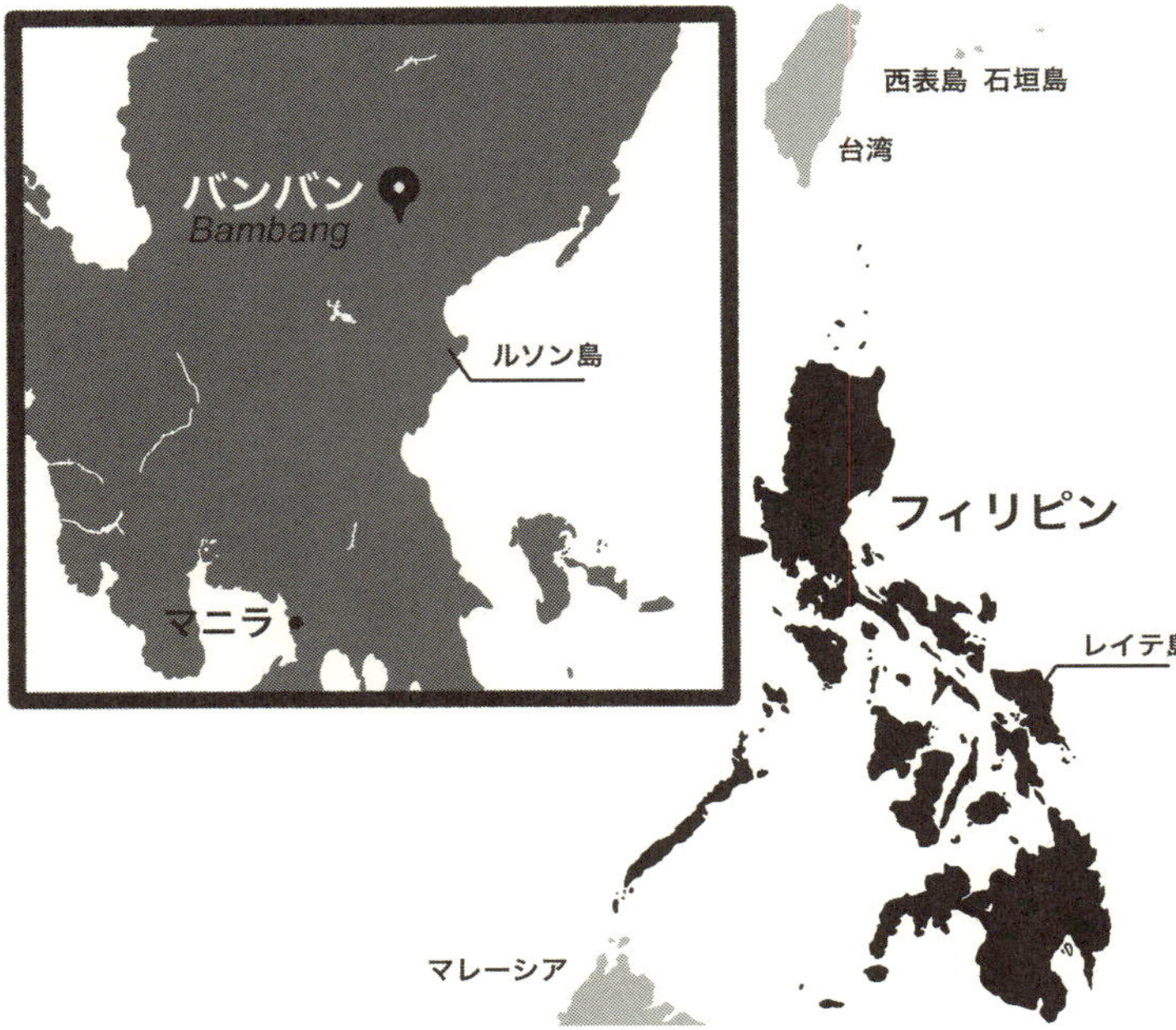

南シナ海だけでなくフィリピン本土にも妨害や工作が浸透している

作が明らかになったことから、「中国の浸透工作」（比上院議員）との見方も出た。マルコス大統領は、グオやグオの家族が所持するフィリピンのパスポートを無効とするよう命じた。

結局、９月６日に逮捕されたグオは、警察と共同で臨んだ会見で、「（組織から）殺害すると脅されていた」と述べた。

ＰＯＧＯはドゥテルテ前政権下の２０１６年に導入された制度で、比当局が認可したオンライン・カジノ事業者を指す。

だが、近年は犯罪の温床になっていることが問題視され、恋愛感情を抱かせて金をだまし取るロマンス詐欺や、マネーロンダリング（資金洗浄）の拠点となっていた。

比捜査当局はバンバン市内のＰＯＧＯを巡り、運営側の中国人ら９人を逮捕した。その関連捜査で、組織の拠点がグオの関連企業の土地にあったことから、グオの事件への関与が浮上した。一連の調べで浮かんだのは、グオの経歴を巡る不審な点だった。病院での出生記録や学校への通学記録がなく、捜査当局が指紋を調べると、中国福建省出身で２００３年にフィリピンに入国した「郭華萍」という中国人女性のものと一致、国籍に疑義が生じていた。

グオは、「私は生まれながらのフィリピン人。中国のスパイではない。悪意のある攻撃だ」と否定していた。

事件を受け、比国内の交流サイト（ＳＮＳ）などでは、「中国のスパイに派手な浸透工作を許した」、「市長をさせたのは国の恥」などと、怒りの投稿が相次いだ。インドネシアからの送還時には、グオが比当局者と笑顔で楽しそうに過ごす画像も流出し、「国民への冒涜《ぼうとく》だ」と怒りに拍車をかけたという。比当局者の危機感のなさは、日本の政財界に通底する。

現地メディアによると、グオは資金洗浄など87の罪で刑事告発され、最長で１２００年超の実刑となる可能性があるという。

★★★★★

ニューヨーク州知事側近に中国の女スパイ

フィリピンで同国人になりすました中国女のグオが市長職を乗っ取って海外逃亡した挙句、比捜査当局に逮捕される「背乗り《はいの》」事件が起きたと思えば、米国では州知事側近が中国のスパイだったことが分かり、中国の浸透工作のすさまじさに米国民の耳目が注目した。日本も他人事ではないのは、言うまでもない。

米司法当局は2024年9月3日、中国政府と中国共産党から便宜を供与してもらう見返りに、中国側の「秘密の代理人」となって台湾政府代表と東部ニューヨーク州幹部の接触を妨害したなどとして、外国代理人登録法違反や資金洗浄などの罪で、ホークル・ニューヨーク州知事の元側近、リンダ・サン被告（41）と、資金洗浄などの罪で、サンに共謀した夫のクリス・フー被告（40）も起訴した。両被告は罪状認否で「無罪」を主張した。

ロイター通信によると、サン被告は、2021年9月から女性初のニューヨーク州知事となったキャシー・ホークル知事の首席補佐官代理を務め、23年3月に「不正行為」が発覚したとして解雇されていた。

米司法当局によると、サン被告は台湾政府代表の活動を妨害した以外にも、中国側の指示に基づき、ニューヨーク州の政治家の訪中を仲介したり、中国政府代表団をニューヨーク州に招くための公文書を偽造したりしたとされる。

これらの見返りとして、中国側はフー被告が中国に拠点を置く事業に数百万ドルの取引を手当てし、夫妻はニューヨーク州の自宅やハワイ州の分譲マンション、フェラーリを含む高級車を購入した。自宅とマンションの現在の評価額は計６２０万ドル（約９億円）に上る。中国側はまた、サン被告の両親の家に中国政府高官の料理人を派遣したり、親族の就職の世話をしたりしたことが分かっている。

ホークル知事は、米ＡＢＣテレビの取材に対し、「怒りを感じるとともに、その厚かましさにショックを受けている。彼女がやったことは裏切りだ」と話した。というが、脇の甘さは日本の政財界や地方の首長並みだ。

日本では、自民党衆院議員の坂井学国家公安委員長の政策秘書が、日本に帰化した元中国人である。よりにもよって、警察組織の頂点にある国家公安委員長の秘書である。政府、自民党はもとより、大手メディアも何ら問題視しないのだから、開いた口が塞がらない。筆者は坂井事務所に電話し、この秘書から直接国籍を確認し、問題意識を問うたことがある。

国家公安委員長はいわば、お飾りみたいなものだから、警備・公安や刑事事件等に関する重大な捜査情報のすべてを知る立場にないが、国家機密が漏洩する懸念はある。それ以上に人道的立場から言えば、この秘書が駐日中国大使館に潜む中国共産党中央統一戦線工作部（統戦部）に脅され、情報収集活動に協力するよう脅される懸念がある。本国に家族や親戚がいれば、なおさらだ。彼らが人質となり、日常生活に支障をきたしたり、無実の罪で身柄拘束をほのめかしたりされれば、本人にその気がまったくなくても、オセロの石のように、黒白が一瞬で変わる危険性がある。情報漏洩と秘書自身の身辺の安全が保障されないのだ。

優秀な秘書みたいなのでもったいないかもしれないが、長い目で見た場合、一時的に坂井氏の選挙区のある地元事務所に勤務するとか、多少なりとも政府と距離を置く位置に配置した方がこの政策秘書のためになるのではないか。

胡耀邦・趙紫陽記念財団創設者が「中国スパイ」だった

サン被告夫妻の一件は、羽振りの良い生活をするなど、実に分かりやすく発覚しやすい事件だったが、政治家として経験の浅いホークル知事とそのスタッフらが、彼らが中国のスパイと見破るのは難しかったようだ。

中国共産党の浸透工作はもっと巧妙で、上には上がいるから要注意だ。

中国系が多く居住する米東部ニューヨーク市に中国の民主化を促すために創立された記念財団

「ニューヨーク胡耀邦・趙紫陽記念基金会」と「胡耀邦・趙紫陽記念財団」の創設者で、著名な民主活動家がスパイだったのだ。王樹軍は在米の民主活動家を支援し、台湾独立を支持し、またウイグル、チベットの独立運動の支援者として、彼を知らないものはなかったという。２００３年にはダライ・ラマ法王とも会見している（２００４年８月27日付メールマガジン、通巻８３８５号『宮崎正弘の国際情勢解題』）。

中国系アメリカ人の学者、王樹軍は２０２４年７月29日、米司法当局に中国共産党による米国の反体制派の監視を支援する中国の代理人として起訴された。有罪となれば、最長25年の懲役刑に処される可能性がある「同日付『ＶＯＣＯ』（北米中国語ニュース）電子版」。

ロイター通信によると、ニューヨーク市ブルックリンの連邦検察は、米国に帰化した王がニューヨークの中国民主主義コミュニティーでの指導的役割を利用して活動家に関する情報を収集し、中国国家安全省の職員４人と連絡を取っていたという。

王は１９４９年、山東省生まれ、青島社会科学学院の教授をしていた。94年に交換教授としてニューヨーク市に来て以降、中国に戻らず米国に滞在して地域の大学で東アジア情勢などを教授し、２００３年に米国市民権を取得した。

検察側は陪審員に対し、中国国家安全部当局者が２００４年から05年にかけて、香港の民主活動家、台湾独立運動家、ウイグル族とチベット支援者を標的にするよう王に要請したと述べた。

検察官は陪審員に対し、王樹軍は学者、活動家、そして中国政府に反対する民主主義の擁護者であるように見えたが、実際には中国政府の違法代理人として活動し、ニューヨークの反体制派を多数のスパイとして活動していたと述べた。

王の弁護人は、王樹軍は情報当局の支持を得て社会変革を促進するために民主運動について情報当局と話しており、情報当局の代理人ではないと主張した。また、弁護人は、王がかつて国家安全部の職員と写真を撮ったことがあると述べたが、それは王が後ろめたいことがないため、国家安全部の職員との交流を隠そうとしなかったことを示していると主張したが、後でメディアに暴露されるより、自分たちから先に明らかにした方が得策だという後付けに過ぎないだろう。

連邦検察は、「王は自分を尊敬して信頼した人たちを平然と裏切った」とし、中国国家安全省の要員4人を王の共犯として起訴した。4人は米国と犯罪人引き渡し協定を結んでいない中国におり、身柄の確保は無理とみられる。

「かれは長く活動家を装って機密を集めていた。ジョン・ル・カレ、グラハム・グリーンのスパイ小説を地で行った」と言うのは、マシュー・オルセン司法次官補だ。

王のケースは、米国に来てからスパイを強要されたか、あるいは、中国を出国するときから訪米の条件だったのか。はたまた、本当に活動家として活躍中にカネに困って転んだのか不明な点が多い。香港で民主活動家のヒロインだった周庭《しゅうてい》もカナダへ亡命後、日本のテレビ取材に応じて、

「（取り調べ中に）スパイになれと誘われた」と語っているから、闇は深い。

★★★★★ とうとう出た、中国人の「偽投票」

米ミシガン州当局は２０２４年10月27日、州内の期日前投票所で違法投票を行ったとして、米国籍を持たないミシガン大学に留学中の中国人を起訴した。

ミシガン州捜査当局は10月30日、この留学生の行為について、「選挙に登録して投票できるのは米国市民だけだ。登録用紙や投票中請書に自分の市民権について嘘を書くことは違法だ。このような行為は重罪だ」とコメントした（11月６日付エポックタイムズ電子版）。

事件が発覚したのは、選挙管理委員会の関係者がこの中国人留学生の違法投票を見破り、当局に通報したからだ。中国人留学生は「無許可の選挙人による投票未遂」と「有権者登録を確保する目的での虚偽宣誓」による偽証罪で起訴された。

州当局は、米国市民ではない者による投票が判明したことについて、「極めて稀で特異な出来事ではあるが、極めて深刻な事態だ。ただ、ミシガン州の選挙は安全であり、ミシガン州と地方の選挙当局は慎重に法律に従っている」と語った。この発言は額面通りに受け取れない。中国人留学生が、あまりに簡単に有権者登録をしていたためだ。

この19歳の中国人留学生は、10月27日に有権者登録をしていた。彼は、学生証やその他の書類を使って選挙区に居住していることを証明し、米国市民であることを証明する文書にも虚偽の署名をしていた。

ミシガン州が期日前投票を実施するのは今年が初めてという。2020年の大統領選挙に負けたトランプ陣営は、期日前投票に不正があり、バイデン副大統領が勝利したと主張していたが、州単位で行われる米大統領選では、トランプ陣営の主張もあながちフェイクともいえない代物なのである。2022年のミシガン州法の改正により、ミシガン州の有権者は主要選挙の最低9日前から直接投票できるようになっていた。

ジョン・ムーレナー下院議員（共和党、ミシガン州選出）は、州の選挙責任者に対し、不正選挙の再発防止計画を発表し、「中国共産党の干渉から選挙を守る」よう求めた。

ムーレナー下院議員はまた、「ミシガン大学はわれわれの法律に違反したこの学生を退学させるべきであり、州の指導者たちは、中国共産党がわれわれの州に影響を与えようとしていることに対して、真剣に対処する必要がある」とも話した。

媚中、親中だらけの自民党総裁選の候補たち

陰の主役は、中国共産党だった。米大統領選でトランプ前大統領の勝利が先に決まっていたら、自民党の国会議員は、石破茂元幹事長を党総裁（首相）に選ばなかったのではあるまいか。悔やまれてならない。石破内閣の閣僚は、そろいもそろって親中議員だらけだ。林芳正官房長官、IR事件で米司法省に〝容疑者〟扱いされた岩屋毅外相に、過去何度も訪中している平将明デジタル担当相……。日本が西側諸国の一員として振る舞うのは難しかろう。

日本は今後、世界中で傍若無人に振る舞い、華夷秩序の構築を狙って軍事的、経済的圧力を持って従属姿勢を求めてくる中国とどう対峙していくのか。そこが厳しく問われることもなく、石破首相を誕生させてしまった。将来に禍根を残したのは間違いない。

中国は今後、総裁選に立候補して多少なりとも箔をつけた形の議員らを政治的に利用し、自分たちに都合の良い情報の発信と利益誘導を図る影響力工作をさらに強化するだろう。

見渡せば、媚中・親中議員ばかりが目につく総裁選だった。親族企業の日本端子（本社・神奈川県平塚市、河野二郎社長）が中国企業と深い関係にある河野太郎デジタル担当相。日本端子への利益誘導がささやかれる再生可能エネルギーをめぐっては、内閣府の有識者会議の資料に中国企業のロゴマークが付いていた中国ロゴ問題も発覚した。

日中両国が揉めたとき、「国益より家業を優先するのではないか」（自民党議員）との懸念は、総裁選を通じて何ら払拭されなかった。

河野氏は外相時代の2018年1月下旬、訪中した際に格下の中国の華春瑩《かしゅんえい》報道官と顔を寄せ合って自撮りし、自らのツイッター（X）に掲載して悦に入っていた。「河野大臣は馬鹿ではないのか。ニヤケ顔でツーショットを撮るのは外交ではなく『朝貢』だ」（小西洋之参院議員）という見方は、その通りである。

河野氏が媚中・親中派の西の横綱なら日中貿易等の総元締めで「知中派」を自称する元日中友好議連会長の林芳正官房長官は東の横綱だ。

林氏は会見で、総理総裁になったら中国が尖閣諸島（沖縄県石垣市）周辺の日本の排他的経済水域（EEZ）内に設置した海上ブイの対応策を検討する関係閣僚会議を立ち上げると語った。中国に気兼ねして撤去しないと言っているに等しい。首相として撤去を指示すればよいだけのことだ。訪中を繰り返し熱烈歓迎されてばかりいるとここまで堕落する、という悪しき見本だ。

2020年11月に来日した王毅外相が日中外相会談後の共同記者会見で、「尖閣は中国領」と言い放ったのに反論することもなく、「シェイ、シェイ」と応じたのは、茂木敏充幹事長だ。あろうことか、尖閣諸島を売り渡すかのような謝礼の言葉を口にしたのである。総理総裁の器量でないことが白日の下にさらされた。あの時点で総理総裁を目指す資格は消えたと自覚すべきだ。

石破茂氏の支持者には親中派がゾロゾロいる。中でも、推薦人に名を連ねた平将明衆院議員は、日中の中小企業の交流を図ることを名目とした一般社団法人「日中発展協会」（河野太郎会長）

という団体の副会長を務め、中国との交流に余念がない。

★永田町にばら撒かれた偽情報

石破氏の場合、中国側の片棒をかつがされた疑いが浮上した。総裁選告示日の前日夜のことである。自民党本部が党員を対象に9月8日に実施したという世論調査結果が、永田町や霞が関の信頼できる関係筋に一斉にばら撒かれた。

内容は、党員・党友約100万人のうち2126人を対象にした調査とされ、石破氏34・9ポイント、小泉進次郎元環境相23・2（同）、高市早苗経済安全保障担当相15・9（同）というものだった。

不自然なのは一目瞭然だ。石破氏が他候補を圧倒して優勢であることを示す数字をはじき出していたためだ。2位小泉氏と3位高市氏の差も挽回不可能とみられるほど大きいものだった。

高市氏が2位に食い込めば、決選投票での逆転もあり得るが、この数字が示すメッセージは、「ワン・ツー・フィニッシュは石破、小泉の両氏であり、高市氏が決選投票に進む芽はないから、勝馬に乗り換えて高市支持をあきらめよ」と読めた。

自民党本部は公平性確保のため、総裁選での世論調査は過去に実施したことがない。筆者も長年、政治の現場で総裁選を取材してきたが、聞いたことがない。自民党本部のしかるべき責任者も否定するこのような根拠のない偽情報が告示日の前日に一斉に出てきた背景には、総裁選で主導権を握って流れをつくり、石破氏有利の展開に持ち込もうという「大きな力が働いている」（麻生太郎副総理周辺）とみられた。

この程度の偽情報なら、選挙の玄人ならずとも思いつく発想だ。見過ごせないのは、その発信力と訴求力である。偽情報を受け取った関係者らが信じてしまうほど、政官財界に広く情報を流すことができる勢力は限られている。筆者のところにも、複数の関係者から偽情報が寄せられた。まず最初に考えられるのは、マスコミである。偽情報の最終的な受け手が消費者だとすれば、生産者から仲卸業者を経由して最後に消費者の手に品物を届ける小売店みたいなものだ。では、偽情報という商品を仲卸業者に卸した偽情報の生産者たる大元締めは誰なのか。

石破氏の陣営が偽情報の発信源ではなかろう。そんな狡《こす》っからいことはしないだろうし、する力もない。

見え隠れするのは、中国共産党中央統一戦線工作部（統戦部）の存在だ。というのも、日本国内における中国共産党の動向に詳しい知人の中国人も、この偽情報を11日夜、在京中国人コミュニティーから手に入れていたからだ。ディスインフォメーション（偽情報）の震源について、日本の公安当局をもってしても、即座に突き止めるのは至難の業だ。中国・武漢でコロナ患者の第一号を探し出すようなものだからだ。

中国の仕掛ける偽情報の散布などの「認知戦」については、内閣情報調査室が神経を尖らせている。別の公安当局者は、「いま懸命に出所と狙いを探っている。在京の華人・華僑で構成する中国人コミュニティーに早くから偽情報が出回っていた事実に留意する必要がある」と語る。

中国が介入を企んだ自民党総裁選

総裁候補が媚中・親中派ばかりであることも問題だった。それ以上に深刻なのは、総裁選の投票権を持つ自民党の党員・党友への華人（日本国籍を取得した在日中国人）や華僑（中国籍の日本在住者）による「なりすまし」への懸念が払拭されていないことだ。

自民党は入党資格として、「満18歳以上の日本国籍を有する者」としている。だが、実態は身分証明書の提示すら求めないケースがほとんどだ。知人の自民党県連関係者は、「戸籍謄本やパスポートの提示、官報の確認をやっているわけでもなく、ほぼノーチェック」と打ち明ける。入党時は本人ではなく、紹介者が入党手続きを代行する仕組みになっていることも、党員資格の不透明さに拍車をかけているという。

党員どころか、国会議員ですら国籍や出自を明らかにしているケースは稀で、野党幹部はもちろん、自民党にも相当数の帰化日本人がいるのは公然の事実だ。台湾有事などで、恫喝や懐柔工作で北京の指示に従いかねない帰化自民党員も少なくないとみられる。短期間による党員拡大のため、事務手続きの煩雑化を避けたことが裏目に出てはいまいか。

日本国籍を取得した華人であっても、「心は中国」という人は少なくない。前段で紹介した米ニューヨークの中国人女スパイのように、移民先の国に帰化しても、北京の命令一下、祖国に忠誠を尽くそうとするメンタリティーの持ち主が少なくないことに留意すべきである。

「パー券」スポンサーは中国人

中国による政界への介入工作は、党員になりすますほか、自民党の派閥パーティー券（パー券）の購入にも及んでいる。

岸田文雄首相が所属していた宏池会は、2019、22、23年の5月にそれぞれ、「宏池会と語る会」という政治資金パーティーを開き、多数の中国人団体、個人が参加していたことが、中国系メディアの動画等で判明している。それによると、1人2万円で参加できるこのパーティーの主たるスポンサーは中国人団体だった。

金は出すが、口は出さない——という奇特な中国人団体、個人などいるはずもない。実際、名古屋から参加した中国人団体の女性代表は登壇してあいさつした。このときは、自分の会社をPRしただけだった。

だが、自民党派閥の高額スポンサーとなった中国側が、日本の外交や安全保障政策など国の根幹を揺るがす問題で、中国にとって都合の良い方向に事態が展開するよう圧力をかけない保証はない。

別の言い方をすれば、尖閣諸島など中国側のいう「敏感な問題」について、中国の思惑通り茂木氏に続けとばかり「シェイ、シェイ」と言わせようと企んでもおかしくない。

パー券をめぐっては、自民党派閥の「裏金」問題を機に購入者の公開基準額が20万円超から5万円超に引き下げられたが、問題はそこではない。外国人からの献金は違法なのに、パー券の販売は問題ないとする現行法の二重基準である。これが外国勢力による資金提供の温床になっている。政治資金規正法は、政界への海外からの影響工作を防ぐ観点から外国人・外国法人の寄付を禁じている。ならば、外国人によるパー券購入も違法とすべきである。

幸い、２０２４年秋の総選挙で自民党が大敗、国民民主党が４倍増の躍進を果たしてキャスティングボートを握った効果がさっそく出た。同党の主張で、パー券購入を禁止する方向となったのだ。

国政が外国勢力の影響を受けるのを防ぐためだ。外国人らからの政治献金は現行法でも禁止されているのに、事実上の献金であるパー券の購入は認める二重基準となっていた。

民主主義の脆弱さに付け込む中国

2024年秋の衆院解散・総選挙では、中国によるSNSや偽情報を駆使した認知戦による選挙への直接・間接の介入と、軍事力などを使った心理的な攪乱工作が展開された。

民主主義国の脆弱な部分を攻めるのは、全体主義国家の常道だ。孫子の兵法第十二計「順手《じゅんしゅ》牽羊《けんよう》」を地で行く策略である。その心は、どんな小さな隙でもそれを発見したら、自らの利益になるよう付け込むべし――という教えである。

権力の移行期には必ずと言ってよいほど、中国やロシアのような権威主義国家があの手この手で揺さぶりを仕掛けてくる。

情報収集を目的とした中国の大型軍用機は8月26日、長崎県男女群島の領空を初めて侵犯した。中国籍の男は8月19日、「尖閣は中国領だ。南京大虐殺を忘れるな。慰安婦を忘れるな」などと妄言を吐き、公共放送であるNHKを乗っ取った。

靖国神社に落書きをした男を無事帰国させている。すべては岸田文雄首相が総裁選への立候補断念を明らかとした後の自民党総裁選の動きと軌を一にしたタイミングで起きている。

ロシアも9月初め、プーチン大統領がモンゴル訪問後に北方領土に強行上陸するという情報を発信して日本側を揺さぶった。

翻って日本はどうか。自民党議員の多くがチャイナマネーと在京中国大使館の執拗な恫喝というアメとムチに操られ、偽りの「日中友好」にうつつを抜かしている。その汚染の度合いは、米国やフィリピンとは比べようもないほど進んでいるとみるべきだ。

中国の狙いは、中央政界への工作を突破口にした日本弱体化の「頂上作戦」であり、華夷秩序の底辺を支える二流国家として日本を冊封体制に組み込むことである。

斯《か》くなる上は、次期総選挙で媚中・親中議員に選挙の洗礼を浴びせるしか日本政界再生の道はなかったのだが、「裏金」「裏金」で有能な議員が次々と落選してしまったのが悔やまれる。次回からは、総裁選候補の推薦人を今一度チェックするところから始めたい。主権者の意識改革が求められる。

★
★★★★

台湾の「中華統一促進党」に中国から巨額資金

フィリピン、米国、日本に続き、台湾でも重大な事案が発覚した。台湾内政部（内政省）は2024年11月6日、中国とのつながりが深いとされる政党「中華統一促進党」が組織的に中国のために働き、台湾の治安や社会秩序を破壊しようとしているとして、憲法裁判所にあたる司法院の法廷に解散を請求すると発表した。

２００５年成立の同党は、台湾の歴代政権が受け入れを拒んできた「一国二制度」下での中台の統一を目指している。同党幹部の男と妻は４日、中国から約７４００万台湾ドル（約３億５３００万円）を受領し、１月の総統選や立法委員（国会議員）選などで世論工作をしようとしたとして台湾の検察に起訴されていた。

内政部によると、同党は選挙妨害や組織暴力など、幅広い犯罪にも関わっているという。２０１０年から今年までに殺人や強盗、国際的な人身売買などの犯罪に関与したとして、党員計１３４人が摘発された。

第8章

中国系企業に支配された「東京の火葬場」

★
★★★★

公営と民営、東京の火葬場、料金相場

火葬は公衆衛生であり公共サービスである。東京23区の場合、そこに中国資本が独占的に参入して、公営の火葬場に比べてかなりの高い料金を設定して波紋を広げている。

東京は全国の中でも特殊な火葬事情を抱えている。23区内にある火葬場は東京博善（本社、東京都港区）という会社が7割のシェアを持っている。この親会社が印刷事業をグループの中核とする広済堂ホールディングス（同）という会社で、東京博善が100％子会社になっているのだ。広済堂による株買い占めによって最終的に中国系の投資会社が多く占めるようになり、現在では少なくとも40％程度を中国系外資が持っているという。広済堂は、中国の大手家電量販店を運営する蘇寧電器傘下の中国系投資会社ラオックスの羅怡文《らいぶん》会長が就任した。

まずは、都内の火葬事情をみてみたい。

東京23区の火葬場は全国一高い。都市別の火葬料は、東京23区が9万円、次いで那覇市の2万5000円、福岡、京都と続く。横浜市は1万2000円で、大阪、仙台、広島、さいたま市と続く。首都圏の同じ政令市の千葉市はわずか6000円だ。札幌市、新潟市などは無料である。

東京23区の火葬場はその成り立ちから民営が多い

東京でも、23区以外では、府中市と立川市などが無料だ。厚生労働省によると、東京23区以外は自治体が運営する公営火葬場がほとんどで、全国の火葬場の99％が公営だ。

驚くほど高い東京23区内の火葬場だが、いつくあるのか。民間の斎場は、四ツ木、町屋、落合、堀ノ内、代々幡、桐ケ谷、戸田斎場の7カ所。公営は瑞江《みずえ》葬儀所と臨海斎場の2カ所だ。

都内に上記6カ所の火葬場を運営する「東京博善」だと、9万～16万円に上る。同社は大正時代から都内で葬祭場を運営し、２０２０年に広済堂ホールディングスの完全子会社になった。広済堂ＨＤは２０２１年、量販店のラオックスＨＤ会長の羅怡文氏の関連会社が筆頭株主になり、22年、羅氏が会長に就任、葬祭事業を開始した。

公営の場合、ホームページなどによると、瑞江葬儀所は、都民のケースで５万９６００円、臨海斎場は（港区、品川区、目黒区、大田区、世田谷区民の場合）４万４０００円となっている。

全国の火葬場は99％が公営だというのに、なぜ民間の斎場がこれだけ多いのかというと、東京23区では、明治時代から民間が運営してきた歴史があるからだ。江戸時代は「火葬寺《でら》」などで火葬し、明治20年ごろはコレラの流行をきっかけに、遺体処理の必要性から民営の火葬場ができた。昭和23年になると、墓地埋葬法が施行され、火葬場の運営は地方公共団体と宗教法人、公益法人に限られた。だが、法施行前に運営していた民営の火葬場は例外的に認められることになった。本来、火葬は公衆衛生上の問題であり、個体としても人生の最後という倫理的な場所でもあるのだが、東京23区は「我関せず」で、補助金を出していないことが、飛びぬけて高い火葬料金の主な原因となっている。

東京博善の場合、２０２１年以前は５万９０００円だった火葬料が、同年以降、燃料費の高騰などを理由に７万５０００円になり、22年には燃料サーチャージ（燃油特別付加運賃）制を導入し、燃料価格を利用者に上乗せして、24年６月には燃料サーチャージ制を廃止したものの、価格は9万円と3年間で1・5倍に跳ね上がった。燃料サーチャージ制を利用して一気呵成に値上げしたとみられても仕方あるまい。この制度は主に、大量の燃料を使う航空業界で導入されてきたものを火葬にも適用したものだ。

東京博善が運営する落合斎場がある新宿の吉住健一区長は、「他自治体と比較して火葬料金が高いと認識している。企業の収益として計上するために火葬料金が引き上げられているようなら、法の趣旨に反した行為と考えられる」との見解を示している（2024年9月16日放映のテレビ朝日「羽鳥慎一モーニングショー」）。

１９７１年5月の厚生省（現厚生労働省）は火葬場運営など関係者に対し、「いやしくも営利事業類似の経営を行うことなく、公益目的に則って適正な経営が行われるよう強く指導されたい」との通達を出している。

一般人は見当のつきにくい価格設定のあり方だが、東京博善（9万円）は、火葬コストの他、法人税、火葬炉のメンテナンス、積立金などから設定したといい、公営の臨海斎場（4万4000円）は、火葬原価と同額で、設備の更新費や原価償却費を含んでいない。

厚労省の資料によると、１９７９年に約70万人だった全国の死亡者数は、２０２３年に過去最多の約１５７万6千人となり、２０４０年には推定死亡者数が約１６７万人に達する見通しだ。

ただ、火葬そのもので利益は上がらなくても、葬儀場の貸し出しなどの収益は上がっていることであろう。民営だから当然と言えば当然だが、それにしても、東京博善による民営火葬場の火葬料金は他と比べてべらぼうに高い。

厚労省は1971年に続き、関係各方面に対し、「火葬場経営が利益追求の手段となって、利用者が犠牲になるようなことはあってはならない」との事務連絡を通知し、権限のある自治体に対して指導・監督の徹底を求めている。

新宿区は、火葬場が広域の利用者にまたがるとして、東京博善の火葬場がある他の6区と合同で、調査や指導をしている。

ただ、公営火葬場は安い分、火葬待ちのデメリットもある。瑞江葬儀所では最短で6日、臨海斎場では式場を利用する場合で1週間から10日、火葬のみだと数日かかるという。

瑞江葬儀所は1日25件の火葬を30件に上げるための改築を準備中で、臨海斎場は2030年度のスタートを目指し、10炉の火葬炉を20炉にし、1日35件の火葬を60件に増やす計画だ。

こうした問題は都議会でも議題となっているが、都有地を活用して新たな公営火葬場を作る案が出ているが、産業廃棄物処理場と同じで、近隣住民の反対が予想される。

コロナ禍をきっかけに、葬儀自体を家族葬など小じんまりとやる傾向が増えているが、そうしたことも、東京博善による火葬料金の値上げに対処していく一助となりそうだ。

中国系企業が23区の火葬場を押さえる

この事実は、２年前の２０２２年８月11日付で交流サイト（ＳＮＳ）のツイッターに投稿された一通の問題提起から驚愕の事態が明るみに出た。

「東京23区の火葬の７割は東京博善という民間会社が行っています。その株主は中国系外資で、都民は一体火葬するのに８万３０００円を負担しています。独占的な営業を許可しているのは、区で競合がいないから好き放題な価格をつけられています。昨日燃料サーチャージと言って値上げしましたが、内訳は不明です」

投稿主は、葬祭系ユーチューバーとして登録者数９万人を超える「葬儀葬式ｃｈ」主催の佐藤信顕氏である。厚生労働省認定技能試験、葬祭ディレクター1級、葬祭ディレクター試験官を務めるなど、日本随一の「葬祭博士」としても知られている。

２年前にも電話で取材したことがあるのだが、今回も改めて電話で聞いてみた。電話で取材したのは２０２４年11月13日のことだ。

佐藤氏は、筆者がこの問題を『ステルス侵略』（ハート出版）で提起した２年前に比べ、利用者側（遺族）にとって状況は改善されたかどうかを尋ねた。

佐藤氏は、「まったく改善されていない。区長会が議題として取り上げ、厚生労働省にも善処を求めたが、『注視する』との回答があっただけだ。責任をとりたくないのだろう。区長会もそれで良しとしてしまっている」と話す。厚労省は、法律として火葬料金を指導する基準などの規定がないから訴訟になったら責任をとれないというのが理由という。

役所は現行法というレールの上しか走れないが、やりようはある。政令もあれば、省令もあるし、行政指導もできる。全国の火葬料金が平均約1万円だというのに、23区だけ約9万円というのは、あまりに不公平である。

佐藤氏は、東京博善の親会社である広済堂ＨＤの担当者が、テレ朝の取材に対し、火葬事業では利益は出ないと説明していることについて、「１３０億円の売り上げに対し、50億円の営業利益がある。儲かるんですよ。独占状態だから料金も高い。自由化したり、公営の火葬場を増やす必要がある」と語る。

多死社会の到来と言われていることについては、「現在は年間１５６万人が亡くなっているが、実は人口動態の予測で２０５０年前後の死者は約１６５万人でそれほど増えない。だが、首都直下や南海トラフなどの大規模災害も見据えて、公営の火葬場を増やす必要がある。南多摩方面では、正月だと10日待ち状態で、まったく足りていない」という。

公営の火葬場をつくるとなると、心理的な理由や土地下落を理由とした反対運動が予想されるが、その点については、「火葬場は都市計画法で工業地に設置することが規定されているうえ、化学処理によって煙害もない。比較的新しくできた臨海斎場はそもそも倉庫街だから土地の下落現象は起きなかった」と語る。

これまでにも、佐藤氏の働きかけで都議会議員も議題としたことがあるが、都は公営火葬場の火葬料金についても、積算根拠を明らかにしていない。根拠がないからだ。公共なのに全国でも火葬料金にばらつきがあるのは、このためだ。

では、23区に住む区民は、どうしたら価格を下げることができるのか――。

佐藤氏は、「区民には、葬儀を安く抑える区民葬（葬祭費用の負担軽減等の区民の要望に応えるため、全東京葬祭業連合会に加盟する区民葬儀取扱指定店が行っている葬儀のこと）をする権利がある。大人で５万９６００円だ。区民も、都の葬儀組合と東京博善が加盟する区民協議会に加入し、区民（遺族）の権利として、価格の値下げを働きかけていけばよいのだが、正当な理由もなく入会できないのが実態だ。現状は区民の権利ではなく、登録業者の権利となっている。既得権益に斬り込むためにも、都や区協議会、区長会などが東京博善や葬儀組合などに指導していかねばならない」と力説する。

前回の取材も紹介したい。２年前に遡る。２０２２年10月22日、電話で佐藤氏に事情を聞いた。8月のツイッターが大きな反響を呼んだことから、佐藤氏はツイートでさらに、都議会議員らにこう、呼びかけた。

「火葬料金は公共的なものとあるが、価格設定の妥当性はあるのか?」「都民の重要なインフラである火葬場が外資によって所有されているのは問題がないのか?」「公共性の高い火葬料金の決定は一民間企業に委ねられているのは問題がないのか?」

これに反応したのが、東京都議会議員の自由を守る会の上田令子氏だった。上田氏が都福祉保健局健康安全部環境保健衛生課に確認したところ、以下のような回答があった。

1. 特別区が許可権者なので都は関知しない
2. 墓地・埋葬等に関する法律が根拠法、衛生法規なので料金には触れておらず、特別区も含め料金の是非について行政に監督権はない
3. 外資参入や会社の詳細も把握していない
4. 都が把握している料金8万3000円は他の(民間会社が経営する)戸田と(公営火葬場の)臨海等と大差ない
5. 設置自治体から価格の妥当性について質すことはできるだろう

お分かりいただけただろうか。要は、都には料金の監督権がなく、値上げの状況も把握してい

ない。つまり、改善に向けた努力はまるでやる気がないというのだ。コストの上昇というブラックボックスをいいことに、火葬業者の胸先三寸で、どこまででも値上げ可能なのだという。超高齢化社会を迎えた日本において、しかも巨大都市東京において、火葬場ビジネスは超優良業種なのだ。公衆衛生にかかわる公共サービスである火葬事業に、仮に利潤追求一辺倒の一民間企業が参入すればどうなるかは想像に難くない。

火葬場の公共性と死者の尊厳を守るにはどうしたらよいのか

佐藤氏は２年前、筆者の電話取材に対し、「上田都議の質問に対し、都福祉保健局健康安全部環境保健衛生課が回答した通り、許可権者は（東京23区の）特別区にある。区は民間業者任せではなく、都と連携して火葬料金の根拠、１体当たりの算出根拠を業者側に問いただすだけでも、健全な火葬場運営を守る効果はある」と語った。

火葬はビジネスの側面もあるが、死者に対し、どこまでも尊厳が求められねばならないことは、言うまでもない。

広済堂ＨＤ担当者は、「公費の補助を一切受けずに火葬事業を運営している。燃料費や人件費、法人税などを賄っているので、火葬事業では利益はほとんど出ていない」と説明している（同）、という。また、3年間で1・5倍に値上げした妥当性について、「火葬炉64基の修繕積立金が7億5千万円。火葬に求められる永続性を考慮している。災害があっても火葬炉は止めることができないので、日々修繕、メンテナンスが必要になる。今後の多死社会を支えるための設備維持なども含め、将来にわたり安定的に火葬事業を継続させるための必要な値上げだった。燃料費・修繕費・設備維持費などが低減傾向になれば、値下げなど料金を改定することも検討する」と語っている（同）。

筆者も広済堂に対し、２０２２年10月24日付の電子メールで質問している。佐藤氏が指摘する懸念に対し、東京博善の親会社である広済堂はどういう見解を持っているのかを聞くためだ。広済堂は10月28日付で、電子メールで回答した。筆者の質問は3点で、それぞれ丁寧に答えていただいた。

以下、筆者の質問と回答である。コメントを都合良く切り取るのは誤解を招きかねないため、回答はすべて紹介したい。

筆者の質問（一）　昨今の火葬事情について、一体当たりの料金とその算出根拠はどうなっているのでしょうか。

広済堂の回答　火葬料金は直近2年の間に2回改定がございました（それ以前は、10年以上にわたって、物価や人件費の高騰にも関わらず一切変更しておりません）。それぞれの改定は別個独自の理由があっての事であり、それぞれの事情について以下のとおりご説明いたします。

①　２０２１年１月に実施した火葬料金自体の改定について

この改定は、昨今の人件費および燃料費等の高騰をふまえ、前回の価格改定から十年ぶりに実施させていただきました。これは、火葬を継続的かつ安定的に執り行うために必要な設備修繕や保守管理、人員の確保のために行ったものであり、他の民間斎場も行っていると認識しております。金額について、他の民間斎場と比べて妥当な金額であると認識しております。また、改定内容としては最上等と呼ばれる火葬炉に限っており、特別室などの高価格帯の火葬炉については、むしろ値下げを行っております。

②　２０２２年６月より実施している燃料調整費に沿ったサーチャージ型の変動型料金についいて

火葬には燃料としてガスの利用が不可欠であり、施設全般では多くの電力も使用しております。昨今の世界的な燃料費／電力費の高騰は想定される範囲を大幅に上回っており、公共的社会インフラを維持する当社の経営に及ぼす影響は甚大なものになっております。

これは葬儀業界に限らない社会現象として認識しており、多くの企業が値上げの傾向にある中、弊社はガス・電気の供給会社が公表する原材料調整単価に連動する形となっております。

なお、今後当該調整単価がなくなり次第、本変動料金も終了することを予定しております。

よって、火葬料金につきましては上記の①②を合計した以下の料金となります。

①火葬料金（「最上等」炉）　7万5000円

②燃料サーチャージ　1万2000円（2022年10月現在）

合計　8万5200円

また、骨壺に関する当社の対応といたしましては、公衆衛生面を含め安全かつ円滑に火葬を執り行う目的のほかに、葬儀社様より特殊な骨壺を持ち込まれた際の事故（ご遺族の目の前で割ってしまうなど）防止の観点から、葬儀会社各位に対して「当社指定の骨壺をお買いいただきたい」とお願いしております。

しかし、お持ち込みをなさる葬儀会社様に対して不利な扱いをする等、抱き合わせ販売に該当するようなことは一切しておらず、お持ち込みになった骨壺を使って収骨までさせていただいております。

また、骨壺を当施設に持ち込む際に、追加料金や当施設を使用する上でのペナルティなども課しておりません。

筆者の質問（二）　私企業の自由として放置すれば、自由に値上げされかねないとの指摘がありますが、この点について、どのようなご見解をお持ちでしょうか。

広済堂の回答　今後の価格改定についても、コスト高騰等の合理的な理由がない限り行う予定はございませんし、自由に値上げすれば消費者が別の斎場を使うことになるため自由に値上げすることは事実上困難であるかと存じます。

また、私企業として利益偏重な価格改定を強要することは一切なく、事業の公共性・公益性を遵守し、引き続き事業を進めてまいります。

価格改定のプロセスにおいても、当社は火葬料金値上げの半年前より組合および各区へご説明をさせていただきました。

組合役員会での説明や書面でのやり取りを通じて協議させていただき、最終的に事前告知をした上で料金改定に至りました。

また、サーチャージ型の変動型料金の導入におきましても、２０２１年１月の火葬料金の料金改定時と同様、２０２２年４月に組合へのご説明をさせていただき、協議の上、事前の告知をした上で導入に至りました。

上記２点による値上げにつきましてはあくまでも、ここ数年の原料価格の高騰およびコロナウイルス感染症拡大の影響による物流混乱を伴う物価上昇の一部を、価格に転嫁したに過ぎません。

また、政府の主導する賃上げへの協力を見込んだものでもあります。

筆者の質問（三）　葬儀会社大手の東京博善を１００％子会社とする貴社の取締役会長が、中国系投資会社ラオックスの羅怡文会長であることなどから、「事実上、東京の火葬インフラが中国系外資所有となった」（月刊『正論』11月号）と指摘しています。事実関係に誤りがないかどうか、誤りがなければ、中国系外資の所有となることで、都民の中に不安が生じることについて、どのようなご見解をお持ちなのか、合わせてお伺いしたいと思います。

広済堂の回答　まず、国籍による差別が禁止される中で、株主の国籍のみを理由として「都民の中に不安が生じる」と言い切る根拠が分かりかねるところであり、当社グループとしては、株主の国籍についてコメントすることはございません。

なお、当社グループは、株主構成いかんにかかわらず、日本国の法律である「墓地、埋葬等に関する法律」に則り、都民の方々、そして日本に居住する方々のために事業推進および火葬場運営をしていく経営方針に微塵の変更もございません。

ご質問内容に「都民の中に不安が生じる」とございますが、当社の火葬事業をはじめとするエンディング関連事業はもちろん、他の子会社で展開している情報ソリューション事業、人材サービス事業においても、当社グループは、法令を遵守し、事業を推進しておりますので、「都民の中に不安が生じる」ということはないと考えております。

以上が、質疑応答の内容である。

火葬料金の算出根拠と値上げの理由への説明をいただいた。火葬という公共インフラとはいえ、それが中国系資本であるからといって、国籍による差別があってはならないのは言うまでもない。条約上も、世界貿易機関（ＷＴＯ）の規定で禁じられている。

ただ、佐藤氏が、「水道民営化の時に市民が持った懸念や、最近ではメガソーラーなどの太陽光発電といった生活を支える公共的なサービスが一民間に任されて、その妥当性も確認されないまま運用されるのは生活する市民にとって不安でしかない」と指摘しているのは頷ける（月刊『正論』）。

佐藤氏はまた、「同じ日本人なら、特にこういった宗教的感情を伴う事業には加減というものを持つものだが、外資にはそういった加減も期待できず、利益や株価が優先事項になってしまう」と語っている。

三つ目の回答の中に「『都民の中に不安が生じる』と言い切る根拠が分かりかねる」という下りがあるが、佐藤氏の指摘にあるような理由などがそうだ。現に都内に住む筆者自身が不安を感じている。回答の中で、「『都民の中に不安が生じる』ということはない」と言い切ることこそ、無理があろう。

公共インフラに参入するというのは、それが国民の生命と安全に直結するだけに、日本企業であっても、時に反発やリスクを伴うものだ。ましてや外国資本、それも世界の覇権を目指すことを否定しない現在の中国系企業となれば、なおさらのことだ。葬儀は公衆衛生や公共サービスの問題でもある。倫理的にも利益至上主義であっては困るのだ。

十把《じっぱ》一絡《ひとから》げにするわけではないが、筆者ならずとも、経済安全保障に携わる関係者は一様に、中国企業全般にある種、安保上や倫理上の懸念を抱いている。華為技術（ファーウェイ）など、世界各地でさまざまなトラブルを起こしている中国企業だが、広済堂はそんな中国企業とは一線を画す良心的な会社であると信じたい。

第9章

日本憎悪の悲劇的結末

★★★★★ 中国の蘇州、深圳で日本人児童が襲われる

鬼畜の仕業である。その背後に、中国政府が主導する反日教育があるとしたら――。

中国広東省深圳市で日本人学校に通う小学生の男児（10）が２０２４年9月18日に中国人の男に刺されて死亡した。容疑者の男（44）は、当局が身柄を確保して取り調べを行っているが、動機など詳細な情報は日本側に伝えられていない。

事件が起きた9月18日は、１９３０年代初頭に起きた柳条湖事件の日だ。この事件をきっかけに、日本は満洲建国の足掛かりをつかむ。

男児は腹部を大きく刺されるむごい傷を負った後に亡くなった。中国では6月、江蘇省蘇州市で日本人学校のスクールバスを待っていた日本人の母子が刃物で切り付けられる事件が起きたばかりだ。蘇州の日本人母子襲撃事件を受け、総領事館が日本人学校などと安全対策に関する情報交換や対策協議を行っていた最中に今回の事件が起きたという。

駐北京の日本大使館は、「背景など詳細は現在のところ不明」だとして「中国側に情報提供を強く求めている」と強調した上で、「日本人が被害に遭う事件が相次いでいる」と改めて注意を呼び掛けた。だが、登下校を米国のように専用バスを使うなどしなければ、無防備な一般の日本

人は防ぎようがない。

金杉憲治大使は18日に北京市で記者団に対し、今回の事件が日本人を狙ったものであるかどうかについて「まだ背景が分からない」と述べるにとどめた。その後、中国外務省の孫衛東次官に電話で申し入れを行ったが、事件について孫次官から、「前科のある者による個別の事案だ」と説明を受けるにとどまった。

中国共産党お得意の事件の矮小化《わいしょうか》である。犯人を逮捕してまだ間もないのに、なぜ、中国のそれも刑事事件を扱う直接の所管ではない中国外務省が、「個別の案件」だと言い切れるのか。火消しに躍起となっているのは見え見えだ。そんなことは、サルにでも分かるが、日本の外務省には理解できたのか。事件の背景は共産党政権が続く限り、永遠に分からないだろう。

これは筆者の推測に過ぎないが、政治的背景を否定できないため、詳細な情報は今後もいっさい、日本側に伝えるつもりは毛頭なかろう。これは国を挙げての外交問題であり、金杉大使の手におえる案件ではない。首脳レベルで中国政府を突き上げねばならない。国家とはそのためにある。国民に納税だけ強要して、命と財産を守れないなら、国家の意味はなく首相や外相らは国家を率いる資格もない。このままでは亡くなった男児が浮かばれない。

上川陽子外相は19日、「卑劣な行為で誠に遺憾だ。深い悲しみを禁じ得ない」と外務省で記者団に述べたが、その手にはメモ用紙があり、メモを読みながらの発言だった。

上川外相は23日（日本時間24日未明）、米ニューヨークの国連本部で、中国の王毅共産党政治局員兼外相と会談したが、「さもありなん」と思わせたのは、王毅外相の態度である。王氏は会談の冒頭で、深圳の事件に哀悼の意を示すわけでもなく、ぬけしゃあしゃあと、日中の「戦略的互恵関係」を進める意向を示した。上川氏が、日本人男子児童が刺殺された事件について、「日中関係の基礎である国民交流に深刻な打撃を与える」と伝えたのは当然だ。

上川氏は約1時間に及んだ会談で、動機を含む「一刻も早い事実解明と明確な説明」に加え、犯人の厳正な処罰と再発防止を強く求めた。「中国の在留邦人、特に子供の安全確保のための具体的な措置」も要求した。

また、中国の交流サイト（SNS）での日本人学校関連のものを含む根拠のない悪質で反日的な投稿は「子供たちの安全に直結し絶対に容認できない」とし、早急な取り締まりの徹底を求めた。

要求はしたものの、中国への渡航に関する危険レベルは「ゼロ」のまま。棒読み大臣、上川氏は外相失格である。対応があまりに甘いと言わざるを得ない。渡航危険レベルは、チベットやウイグルの「1」を除き、4段階あるうち最低の「ゼロ」である。外務省の定める危険レベルは、「1」が「十分注意してください」、「2」が「不要不急の渡航は止めてください」、「3」が「渡航は止めてください（渡航中止勧告）」、「4」が「退避してください。渡航は止めてください（退避勧告）」

である。

頼りない日本政府に代わり、現地駐在の一部日本企業は自社判断で家族の帰国や渡航自粛を進めている。

中国外務省によると、王氏は「中国側は法に照らして調査、処理している」と説明。「これまで通り全ての在中外国人の安全を法に照らして保障する」と表明した。王氏はまた、「日本側は（事件を）冷静、理性的に取り扱い、政治化することや拡大することを避けるべきだ」と主張した。

日本政府によると上川氏は、中国の在留邦人の安全確保のために日中で協力し速やかに具体策の実現を図ることを提案した。王氏は外交ルートを通じて引き続き議論することに応じたという。

きちんと取り調べる前から、「前科者による個別の案件」と言い放った中国外務省の孫衛東次官もふざけているが、このタイミングで日本の水産物の輸入再開を決めた中国政府の対応も日本をなめ切っている。

この年の11月11日夜、中国南部の広東省珠海市のスポーツ施設の敷地内で乗用車が暴走して35人が死亡し、43人が負傷する事件が起きた際のことだ。地元警察は身柄を拘束した62歳の男の動機について、「男が離婚後の財産分割の結果に不満を持ったことを機に犯行に及んだ」と間髪入れずに発表している。

中国国営新華社通信は12日、習近平国家主席が、「極端な事件」の発生を防ぐよう求める重要指示を出したと伝えた。確かに35人もひき殺すなど、常軌を逸する極端な犯行だが、蘇州や深圳での日本人児童を狙った犯行も「極端な事件」にほかならない。日本相手の二重基準は、政府が外交レベルで厳しく中国側に追及すべきなのにそれをしないのは日本という国家と国民への背信行為である。

さて、その深圳の事件に絡み、中国外務省の毛寧《もうねい》報道官は20日の会見で、福島第一原発の処理水放出を受けて中国が輸入を停止している日本産水産物について、「輸入を徐々に再開する」と発表した。時期が重なるだけに、ふだんは及び腰の北京駐在の日本人記者団もこのときばかりは奮起したのだろうか。日本産水産物の輸入再開と男児死亡事件との関連について質問し、「無関係だ」と一蹴されている。その後、米司法局からIR事件をめぐり、贈収賄事件の容疑者認定された岩屋毅外相が訪中し、中国人ビザの大幅緩和を発表した。中国の動きに呼応したものだ。中国の輸入再開は譲歩でも何でもない。ハードルを勝手に上げて下げただけだから何もしていないに等しい。にもかかわらず、ビザ緩和で応じるとは、石破政権は日本をどこまで貶めたら気が済むのか。

輸入再開を巡っては、日本側で報道が出た直後から中国のSNS上では、男児死亡事件で広がった中国に対するマイナスイメージを払拭するため、中国政府が合意を決めたのではないかなどの憶測が広がっていた。憶測とはいえ、彼の国のことだ。中国市民の方がよほど、自国の共産党政権の本性について分かっているのではないか。

6月に起きた蘇州市の事件は、登校中の日本人母子らが中国人の男に切り付けられ負傷した。助けようとしたバス案内係の中国人女性が刺されて死亡した。10月12日、在上海日本総領事館は呉慶文市長が前日に岡田勝総領事と会談した際、「偶発的な事件と考えている」と従来の説明を繰り返したと明らかにした。呉氏は事件は調査中で進展があれば日本側に情報を伝えると述べたというが、額面通りに受け止めることはできない。

やましいのだろう。日本メディアによる会談の取材は蘇州市が拒否したため実現せず、会談に関する書面での公式発表もしなかった。

日本政府は何をやっているのか。情報を隠蔽し続ける中国に対して、貿易面でも良い、無関係を強調しながら、相手が嫌がる何らかの制裁をシレっと加えたらどうか。政府の体たらくを見ていると、いかにも頼りないどころか、憤りすら感じる。蘇州も深圳も、無抵抗の児童を狙った鬼畜らの動機についての公式見解はおそらく、決して表に出ないだろう。

何しろ、日本人や外国人を狙った事件の背景には、先述の通り、愛国・反日キャンペーンがあるからだ。この因果関係を否定する人がいたら、その論拠を聞きたい。その説を被害者や被害家族、遺族の前で披露できるのか。もちろん、筆者も中国人のみながみな、反日キャンペーンに毒されて日本人を狙っているとは言わないが、蘇州や深圳の犯人のような馬鹿が量産されている可能性は否定できまい。

中国のインターネットではここ何年も、さきの大戦に関連する投稿が大幅に増え、中国国民の大多数は、日本が一度もしっかりと謝罪していないと信じ込んでいる。それは各種世論調査でも明らかだ。

日本憎悪のキャンペーン

事件の背景に日本憎悪のキャンペーンが影響していることは、ネットにおける日本人・外国人憎悪の投稿を中国当局が放置しているのが何よりの証拠だ。言論統制に厳しい中国では、反共的な投稿はすぐに削除され、投稿者はすぐに特定されて身柄を拘束されて行方不明となる。こうした投稿を削除するのは朝飯前のはずの当局が放置しているのである。ネットでの愛国主義が、反外国人感情と日本人非難を燃え上がらせているのは間違いない。

文化大革命の当時は、紅衛兵《こうえい》が出てきて政敵から家畜までを惨殺したが、現代では「小粉紅《しょうふんこう》」と呼ばれるネット上の偏狭な中国民族主義者らが、書きたい放題、投稿し放題で日本憎悪をかき立てている。

中国共産党の機関紙『人民日報』は、小粉紅らを「アクセス数を稼ぎ、個人的利益を得るために世論をあおり火に油を注ぐ者は、厳しく罰せられるべきだ」との論評を掲載したが、こういうのを二枚舌という。煽ってきた張本人は、当の中国共産党である。

英公共放送ＢＢＣは、中国における日本人・外国人への憎悪について、中国経済の減速や社会不安の広がりも関係していると指摘している（２０２４年10月22日付、日本語版電子版）。

それによると、オランダ・ライデン大学で中国のオンライン・ナショナリズムを研究しているフローリアン・シュナイダー教授は、「多くの中国人が深刻な社会的・経済的不安に直面している。インフレ、住宅危機、若者の失業、年金の目減りのすべてが不安を招いている。ナショナリズムは、そうしたフラストレーションの発散に簡単に利用できる、非常に強力な枠組みになっている」と話しているという。

これらすべての要因によって、ここ数年の中国のインターネットで、ナショナリストのブロガーたちが目立つ存在となり、有名なインフルエンサーたちは、中国と中国共産党の美徳を称賛し、敵を糾弾する愛国的なコンテンツを発信することで、何百万人ものフォロワーを集め、またその閲覧数から収入を得ているとも指摘している。

さすがの中国政府も２０２４年７月、国家安全法の改正案を静かに取り下げた。「中国国民の感情を傷つけること」を禁止する改正案が、「国民の合法的権利と正常な市民生活を侵害する」恐れがあることに当局が気づいたためだった。こんな禁止条項ができたら、それこそ、どんな暴力でも許され、ひいてはその刃が共産党に向けられかねないためだ。

社会の不満のはけ口として、日本憎悪の投稿に目をつぶり、ごくたまに悪質な営利目的のインフルエンサーのアカウントを凍結するなど、本気で取り締まる振りをする中国当局は、民族主義者を奨励し、たまに抑制することで、彼らを都合よく利用している（ＢＢＣ）。

それがあふれ出したとき、制御不能な状況に陥るのだ。その結果が、蘇州と深圳の残虐な事件なのである。

いつになったら理解できるのだろうか。中国政府よ、すぐばれるウソは、国際社会で通用しないことを知るべきだ。

おわりに

米国ではトランプ氏がホワイトハウスに返り咲き、中国相手に辣腕を振るい始めた。ロシアによるウクライナ侵略戦争では北朝鮮兵が参戦し、ロシア兵の弾除けに利用されている。中東ではイスラエルとパレスチナの戦争が長期化し、大きな人道上の問題が解決されないままとなっている上、敵対するイランとの全面戦争につながりかねない緊張が続いている。

目まぐるしく変わる国際社会の荒波の只中にあって、日本では親中派で固めた石破茂政権が低空飛行を続けている。政敵だった安倍晋三首相と昵懇《じっこん》の関係にあったトランプ米大統領とのソリが合わず、日米同盟の強化を世界に発信できないでいる石破首相は、自分が日本のために何をやらなければならないのかが分からなくなってしまったのか。総理の座にしがみつくことが目的化してしまったかのような体たらくである。

自民党総裁選では「日本を守る」などと威勢の良いことをいって保守層の取り込みに必死だった石破氏だが、では、具体的にこの国をどうしたいのか、どういう形にしたいのかという国家百年の計が彼の頭の中にはまるで存在しないかのようである。

多文化共生という言葉を隠れ蓑に外国人労働者や中国人移民をどんどん入国させる一方、治安や教育、医療などはすべて地方に丸投げという無責任な歴代の自民党政権と現在の石破政権にこの国の針路を委ねていては、国土は中国をはじめとする外国資本に食い荒らされ、伝統・文化も加速度的に色褪せ古き良き日本が地上から消えていくことになりかねない。

最大の原因は、政治の怠慢である。とりわけ、長年にわたって与党として日本の政界を支配してきた自民党の罪はどこまでも深い。中国や朝鮮半島への土下座外交を主導した元凶と言っても良い。例えば、福田康夫元首相は何をやっているのか。元首相の肩書で中国の「喉と舌（広告塔）」に成り下がり、中国女性とツーショット写真を撮って脂下《やにさ》がっている。その姿は醜悪以外の何物でもない。河野洋平元衆院議長も同じだ。

現行法のレールの上しか走れない官僚が支配する日本最大の弱点は、前例のない新たな出来事にぶつかると、思考が停止してしまうことだ。前例にない、判例にない、法律に明文化されていないから……。パンデミックとなって日本中を襲ったコロナ禍もそうであったし、もっと長いスパンで言えば、大東亜戦争後に台頭してきた中国共産党という化け物への適切な対処方法が分からず、右往左往してきた歴史がそれを物語る。

ある時は、米国に次いでＧＤＰ（国内総生産）世界２位の経済大国の中国は、国連気候変動枠組条約（ＵＮＦＣＣＣ）交渉など、都合の悪いときは途上国を装うが、その素顔は軍事大国である。

そんな中国共産党が支配する権威主義国家に対し、つい最近まで、政府開発援助（ＯＤＡ）を湯水のように垂れ流しながら、何度も何度も謝罪を強要され続けてきた。まるで漫画「ドラえもん」に出てくる脇役で、いじめられっ子の「のび太」である。ドラえもんという「米国」に頼り、いまだに独り立ちできないでいる半人前国家だという自覚すらない。

もっと言おう。人を人とも思わない中国共産党の本質が理解できず、要求されるままに奉仕を続けてきた国、それが日本なのである。中国に限ったことではないが、陰謀渦巻く国際社会で性善説が通用しないことが、いまだに分からない国、それが日本なのである。

ＧＨＱ（連合国軍最高司令官総司令部）という勝者による一方的な裁判（東京裁判）。過去の日本をすべて否定されたのに、それを受け入れ、一億総白痴化した日本人をマインドコントロールから目覚めさせるのは、今後百年は不可能とさえ思えてくる。

中国にとって都合の良い「役に立つ馬鹿」に成り下がった自民党をはじめとする政界もそうだが、財界も目先の利益に目が眩み、社員やその家族の安全を犠牲にしてまで中国で商売するのに血道を上げてきた。学界はいまだに手の付けようがないほど朱色に染まったまま中国への贖罪意識とシンパシー（同情心）を隠さない。国防７大学との連携を見直すわけでもなく、知的財産の流出や経済安全保障管理上の危険を顧みることもなく、中国との片務的な関係に疑問を持つこともなく、国益にダメージを与え続けている。

このままでは、例えば尖閣諸島を盗《と》られても、「日本人の血が流れるだけだ。あんな無人島が欲しいのなら、中国にくれてやればいいのさ」などという訳知り人間が出てきそうだ。

朝日新聞などの左派メディアは、国土が奪われてもなお、「話し合いが大切だ」などと他人事のような論陣を張るかもしれない。だとしたらそれは、盗られるのが国土だけではなく、日本人の自尊心と魂であることに気づかないためであろう。そんな甘っちょろい考えでは、次は沖縄、五島列島、対馬、北海道、首都圏や関西圏の都心部と、ドミノ倒し式に橋頭堡《きょうとうほ》をつくられていくことだって、絵空事ではない。手引きする勢力が政権に握るなど力を持てば、それは十年、二十年先の話ではなく、数年内の話となる。

こうした絶望的で自虐的な心の病に日本全体が冒されてしまってはいるが、一筋の光明も見えているのが救いだ。2024年秋の自民党総裁選で、高市早苗元経済安全保障相が決選投票で石破氏を追い詰めた一件だ。仲間に〝裏金議員〟のレッテル貼りをした石破氏率いる自民党が自滅して惨敗したのは当然だが、防衛、外交では時に自民党以上に真っ当なことを主張してきた旧・民社党の遺伝子を受け継ぐ国民民主党が総選挙で議席を4倍増させ、参政党や日本保守党も議席を確保した。健全な祖国愛と郷土愛を持った隠れ有権者が実は少なくないことを垣間見る思いだった。

今後、好むと好まないとにかかわらず、中国共産党の対日圧力はあらゆる面で強まっていくことが予想される。米中両国が日本を置き去りにして、裏で手を組む可能性だって捨てきれない。想定外の「まさか」が現実になるのが、国際政治のリアルなのである。そこには子供じみた根拠のない楽観論の入る隙間はない。一筋の光明は見えているとは言ったが、消滅の危険が高まる中でのことである。

だからこそ、炭鉱でガス漏れを感知して鳴くカナリアの如く、危機を察知して警鐘を鳴らしていかねばならないという思いは募るばかりである。

本書は、2024年4月に麗澤大学に入職してハート出版から出す初めての本である。取材や執筆にあたり、SNSで情報を提供しつづけてくれたハート出版の日高裕明社長、編集を担当していただいた佐々木照美氏と同社のみなさま方に、深く御礼を申し上げたい。

二〇二五年　初春

千葉県柏市の麗澤大学研究室にて

佐々木類（ささき・るい）

1964年、東京都生まれ。麗澤大学国際学部教授。ジャーナリスト。早稲田大学卒業後、産経新聞に入社。事件記者として、警視庁で企業犯罪、官庁汚職、組織暴力などの事件を担当。その後、政治記者となり、首相官邸、自民党、野党、外務省の各記者クラブでのキャップ（責任者）を経て、政治部デスク（次長）に。この間、米紙「USA TODAY」の国際部に出向。米国テネシー州のバンダービルト大学公共政策研究所 日米センターでは、客員研究員として日米関係を専門に研究した。2010年、ワシントン支局長に就任後、論説委員、九州総局長兼山口支局長を経て、2018年10月より23年10月まで論説副委員長。尖閣諸島・魚釣島への上陸、2度にわたる北朝鮮への取材訪問など、現場取材を重視する一方で、100回以上の講演をこなし、産経新聞はじめ、夕刊フジや月刊誌などへの執筆の傍ら、各種の動画でも活発な言論活動を展開中。
著書に『静かなる日本侵略』『日本が消える日』『日本復喝！』『チャイニーズ・ジャパン』『ステルス侵略』『移民侵略』（ハート出版）、『日本人はなぜこんなにも韓国人に甘いのか』『ＤＪトランプは、ミニ田中角栄だ！』（アイバス出版）、『新・親日派宣言』（電子書籍）、『シミュレーション日本略奪』（ビジネス社）がある。

中国の傀儡《かいらい》 反日留学生

令和7年2月8日　第1刷発行

ISBN978-4-8024-0234-7　C0031

著　者　佐々木類
発行者　日高裕明
発行所　ハート出版
〒171-0014 東京都豊島区池袋3－9－23
TEL. 03－3590－6077 FAX. 03－3590－6078

印刷・製本／中央精版印刷